LES BUTEURS

BIOGRAPHIE

Patrick Bruno est l'auteur, sous divers pseudonymes, d'une quarantaine d'ouvrages pour la jeunesse, dans des genres différents : aventure, fantastique, historique.
Passionné de sport, il rend hommage, dans cette collection, au football et aux jeunes champions qui ont marqué et marqueront son histoire.

L'éditeur remercie l'Amicale Sportive Yerroise et le club de Cesson pour leur collaboration.

COUVERTURE : Jeffroy/Flash Press © D.P.P.I.
FLIP BOOK : Robin

3, rue Bayard, 75008 Paris
ISBN : 2 7470 1941 1
Dépôt légal : mai 2006
Loi n°49 956 du 16 juillet 1949 sur les publications destinées à la jeunesse

FOOOT!

LES BUTEURS

PATRICK BRUNO

PREMIÈRE ÉDITION
BAYARD JEUNESSE

L'ÉQUIPE

LES ENTRAÎNEURS :

Luc Giovanelli ancien joueur de Saint-Étienne et de Leeds.

Laurent Darel

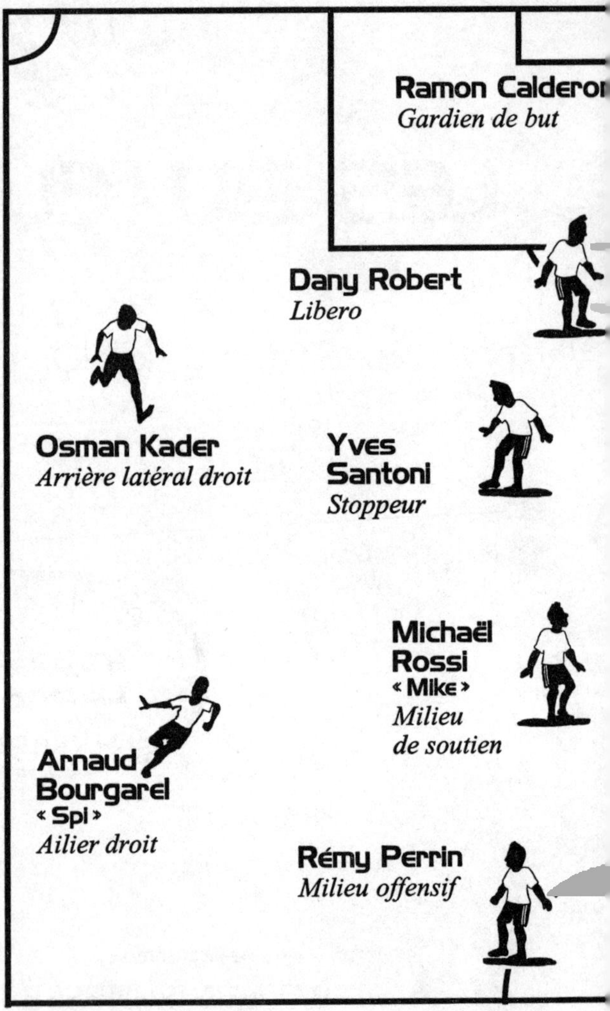

DE MIRAVAL

LES REMPLAÇANTS :

Renaud Manguin
Gardien de but

Jean Salvat
Défenseur

Stephen Hamelin
Gaël Ancelin
Milieux

Dimitri Stepanov
Attaquant

Olivier Carantec
Avant-centre

MIRAVAL 0:1

Alban Wastyn remit en place le pansement qui entourait son genou gauche.

– Comment va ta jambe ? s'inquiéta Gio, son entraîneur.

– Elle tient.

Le jeune avant-centre s'était blessé en tombant d'une échelle, quinze jours auparavant, et il avait dû déclarer forfait lors du dernier match. En son absence, Miraval avait concédé le nul à Saint-Antonin.

Olivier Carantec, le remplaçant d'Alban, n'avait pas ses qualités. Malgré sa puissance et son adresse, sa lenteur le rendait incapable de tirer parti de la vivacité des deux ailiers : à gauche, Willy ; à droite, Arnaud, surnommé Spiderman, ou plus familièrement Spi.

Si Miraval était en tête du championnat des cadets au bout de quatre rencontres, il le devait en grande partie à Alban, auteur de sept buts.

– Regardez-le frimer avec son gros pansement ! plaisanta Frank, l'arrière gauche.

Ramon, le gardien, éclata de rire :

– Il aime se faire bichonner. Pour lui, Gio n'est pas un entraîneur, mais une nounou !

– Les chevaux de course exigent plus de soins que les chevaux de labour ! répliqua Alban.

Il se fit huer.

– En tout cas, ce n'est pas aujourd'hui que tu me planteras un but ! fanfaronna Ramon.

Alban tendit une main aux doigts écartés :

– En cinq minutes, deux buts ! On parie ?

– Pas de conneries ! gronda l'entraîneur.

Il n'appréciait pas ces défis, qui dégénéraient parfois. Miraval comptait déjà deux blessés avec Alban et Gaël, un milieu remplaçant, et le prochain match promettait d'être difficile. L'adversaire, Meilhan, deuxième au classement, talonnait Miraval. Pour cette rencontre, Gio avait besoin de son avant-centre. Aussi le ménageait-il. Il avait interrompu son footing et limité ses exercices de stretching.

Un match de sixte, six contre six, clôturait toujours l'entraînement. En formant les deux équipes, Gio plaça Alban et Ramon dans le même team.

– Dommage ! s'écria l'avant-centre. J'allais crucifier cette grande baudruche !

– Rien n'est perdu ! hennit Olivier. Tu peux toujours marquer contre ton camp !

– Jouez en douceur, recommanda Gio avant de siffler le coup d'envoi.

Immédiatement, Alban se porta en attaque. Blond et fluet, ce garçon de quatorze ans ne payait pas de mine. Cependant, en dépit des apparences, il était vigoureux et résistant, et doté d'une puissance de tir étonnante.

Gio apprécia ses dribbles en connaisseur. Après s'être débarrassé aisément de deux défenseurs, Yves et Osman, Alban trompa le gardien remplaçant, Renaud Manguin.

– Et d'un ! cria-t-il triomphalement.

Comme il se dirigeait vers le centre, il se mit à boiter. Gio fronça les sourcils :

– Alban, tu sors. À toi, Olivier !

– Ah non ! protesta l'attaquant. Je commençais tout juste à m'amuser !

– Inutile de forcer.

Alban haussa les épaules :

– Je force ? Tu parles ! Je suis passé en douceur.

– On te ménage, patate ! ricana Osman.

– C'est ça, oui. Essaie un peu de m'arrêter !

Au bord de la touche, Olivier, qui avait fini de s'échauffer, s'impatienta :

– Bon, je fais quoi, moi ?

– Qu'est-ce que j'ai dit ? s'emporta Gio.

Les joueurs n'avaient pas l'habitude de discuter ses ordres. Ancien international, l'entraîneur gardait, à cinquante-cinq ans, l'autorité et l'énergie qu'il manifestait jadis lors des matchs de coupe d'Europe. Olivier entra sur le terrain, et Alban en sortit.

Affalé sur le banc des remplaçants, le garçon observa ses coéquipiers avec morosité. Son genou était raide et douloureux. Rien d'insupportable, cependant. Le médecin avait recommandé le repos, et ses parents avaient insisté pour qu'il abandonne temporairement le foot. Pour venir s'entraîner, il avait dû batailler et mentir : « Je regarderai les autres. » En définitive, c'est ce qu'il faisait…

– Super, ton but ! lui dit Stephen, un remplaçant qui évoluait parfois au poste de milieu offensif.

Alban se força à sourire :

– Merci.

Les autres étaient sympa avec lui, parce que, meilleur buteur du championnat, il ne la ramenait pas. Son plaisir n'était pas tant de battre des records que de toucher la balle. Ce « toucher » prenait avec lui une signification artistique. Il apportait à ce sport fruste une subtilité réservée aux plus grands. S'il en avait vaguement conscience, il se gardait bien de l'exprimer. Ses coéquipiers se seraient payé sa tête !

Sur le terrain, Olivier venait d'inscrire un but. Gio lui prodiguait des conseils. « Il va le titulariser dimanche », pensa Alban avec dépit. Il n'avait aucune envie de passer quatre-vingts minutes sur un banc de touche.

Au bout d'un quart d'heure, il fit signe qu'il voulait reprendre sa place. Gio l'ignora, et le match se termina sans lui. Son camp l'emporta trois à un. Olivier avait assuré la victoire en marquant à deux reprises. Ramon, épanoui, vint taquiner Alban :

– Alors, feignasse ! On roupille ?

– Forcément, en vous voyant jouer…

– N'empêche qu'on a gagné !

– On te verra contre Meilhan.

– Tu crois que tu pourras jouer ?

– Et comment !

En disant cela, Alban regarda l'entraîneur, qui les écoutait, impassible.

– Si on perd à Meilhan, adieu, la place de leader ! ajouta-t-il.

Gio secoua la tête :

– La saison est longue. Elle ne se décide pas sur un match.

– Trois points, c'est précieux, fit remarquer Alban.

« Bien entendu », pensa l'entraîneur. Il avait articulé son attaque autour du buteur, avec des résultats remarquables. Le forfait d'Alban la désarmait. Olivier avait des qualités, mais il ne suivait pas le rythme ; Spi était trop personnel ; Willy, trop brouillon. Vu l'effectif de l'équipe, il n'existait pas de solution miracle. Alban était indispensable.

– Prends soin de toi, conseilla-t-il. Pour un footballeur, les articulations sont précieuses.

Il parlait en connaissance de cause : trente ans auparavant, il avait dû renoncer à sa carrière professionnelle à cause d'une grave blessure à la jambe.

– On va au ciné ? proposa Osman.

Plusieurs acquiescèrent. Alban fit un signe de refus :

– Il faut que je bosse.

Les joueurs se répartissaient suivant leur âge entre le collège Mistral et le lycée Cocteau. L'avant-centre regarda son entraîneur avec espoir :

– À dimanche ?

– À dimanche.

La voix de Gio était neutre. Pas moyen de savoir ce qu'il déciderait le moment venu.

Le nouveau stade de Meilhan était sensiblement plus grand que celui de Miraval, et surtout mieux entretenu.

À quelques minutes du coup d'envoi, Gio s'interrogeait encore : ferait-il jouer Alban en première mi-temps, où le garderait-il en réserve pour l'utiliser en cas de besoin ?

Les joueurs adverses étaient bien bâtis. « De solides paysans ! » pensa l'entraîneur. Fort bien classés : deuxièmes au bout de quatre matchs, à trois points de Miraval.

Le soleil brillait. L'air était frais ; la pelouse, souple. Gio connaissait l'arbitre, Bertrand

Rivière. Attentif et sévère, il savait tenir les joueurs, calmer les durs et protéger les plus vulnérables.

– Alban, tu vas débuter, annonça-t-il.

L'avant-centre poussa un cri de joie.

– Une mi-temps seulement, et tu ne forces pas.

Comme le joueur observait ses adversaires sans lui prêter attention, il le réprimanda :

– Tu écoutes ce que je te dis, oui ?

– Bien sûr.

« Tu parles ! » grommela l'entraîneur.

Durant les dix premières minutes, Gio oublia la blessure de son buteur, tant Alban manœuvrait avec aisance au sein de la défense adverse.

– Spi !

La passe d'Alban, bien liftée, atterrit devant l'ailier. Spi la récupéra, crocheta l'arrière latéral et centra. Alban reprit de la tête. Le gardien para, lâcha la balle et plongea dans les pieds de l'avant-centre, qui stoppa pour éviter de blesser son adversaire.

Les joueurs de Meilhan, plus lourds, étaient dépassés par la vitesse des cadets de Miraval. Ils n'étaient pas brutaux. Seulement, emportés par leur élan, ils percutaient parfois leurs rivaux à retardement. L'arbitre sanctionnait sans pitié ces maladresses involontaires, et néanmoins dangereuses.

À la huitième minute, après avoir dribblé trois

défenseurs, Alban se retrouva face au gardien, feinta à droite et logea le ballon à gauche, au fond des filets. 1 à 0.

Cinq minutes plus tard, il répéta son exploit, mystifia la défense et passa à Willy, seul devant les buts. L'ailier enleva son ballon, qui se perdit au-dessus de la cage.

Willy tomba à genoux, la tête entre les mains. « Du calme ! soupira Gio. Tu avais tout ton temps. Maîtrise-toi ! »

Alban, lui, riait comme un gamin. Gio réprima un sourire : « En voilà un qui prend plaisir à jouer ! » Il appréciait particulièrement ce genre de joueur, passionné et généreux.

Le ballon, dégagé en puissance par le gardien de Meilhan, parvint à Dany, qui relança aussitôt vers Mike, le milieu de soutien. Alban leva le bras. La passe de Mike, trop longue, loba l'avant-centre. Le ballon roulait en direction de Barras, le stoppeur adverse, lorsque Alban, en plein élan, l'escamota du bout du pied et le dévia sur Willy. Lancé, le stoppeur heurta violemment Alban, qui s'écroula et se roula sur la pelouse en se tenant le genou.

L'arbitre sanctionna la brutalité d'un coup franc à une quinzaine de mètres des buts de Meilhan.

Cependant le blessé, cloué par la douleur, semblait incapable de se relever. Gio se précipita.

Alban pressait son genou droit en gémissant. L'entraîneur écarta son pansement et aspergea l'articulation avec une bombe analgésique.

– Appuie-toi sur moi, dit-il.

Osman se précipita pour l'aider. À deux, ils portèrent l'avant-centre sur le banc de touche. L'entraîneur fit signe à Olivier :

– À toi de jouer.

Puis il se pencha sur Alban :

– Tu souffres encore ?

– Ça va un peu mieux.

Rassuré, l'entraîneur reporta son attention sur le terrain. Il avait prévu la sortie d'Alban. Celle-ci impliquait un changement de tactique. L'équipe se replia et procéda par contre-attaques en s'appuyant sur le trio Olivier, Spi et Willy.

Voyant le buteur adverse sur la touche, Meilhan s'enhardit et joua de plus en plus haut, dégarnissant sa défense.

– Plus vite ! lança Gio.

Le reproche s'adressait à Olivier, incapable de suivre ses ailiers. Sur un centre de Spi, le remplaçant, arrivé avec un temps de retard, bouscula Rameau, le solide gardien de Meilhan.

– Coup franc ! signala l'arbitre.

Rameau passa aussitôt à Barras, qui alerta ses avants. Janvier, l'avant-centre, effectua un amorti, trompa Frank et plaça le ballon sur son pied droit.

L'entraîneur frémit :

Miraval conserva son maigre score jusqu'à la fin de la rencontre. Les joueurs manifestèrent leur joie : avec cette victoire, ils avaient conforté leur première place, et comptaient maintenant six points d'avance sur le deuxième.

Pendant le trajet du retour, ils plaisantèrent et chantèrent *We are the champions*. Ils avaient oublié la blessure de leur avant-centre. Gio, lui, ne pensait qu'à ça.

À peine rentré chez lui, il téléphona chez les Wastyn et tomba sur le père d'Alban, qui lui apprit que son fils avait dû être hospitalisé.

– Il souffre d'une grave inflammation des ligaments et d'un épanchement de synovie. On doit pratiquer une ponction et le soumettre à un traitement anti-inflammatoire.

Gio dit combien il était désolé. Mais il ne put parler très longtemps, car Éric Wastyn, préoccupé, interrompit sèchement la communication.

MIRAVAL

0:3

Quelques jours plus tard, Gio apprit qu'Alban avait regagné son domicile et que son état s'était amélioré.

Il décida de lui rendre visite pour lui offrir un objet qui le faisait rêver. Il s'agissait d'un ballon de la coupe du monde portant la signature des onze joueurs de l'équipe nationale. Ce jour-là, la France avait vaincu l'Italie.

Les Wastyn habitaient, au bord d'un étang, un lotissement dont les façades aux couleurs vives évoquaient certains ports de pêche de la Méditerranée. Gio eut du mal à trouver la maison, car les rues ne portaient pas de noms ni les entrées, de numéros.

Nathalie Wastyn le reçut dans un salon où régnait un ordre méticuleux. C'était une belle femme à l'expression autoritaire. Gio sourit pour détendre l'atmosphère :

– J'ai eu l'occasion de dire à votre mari combien j'avais été affecté d'apprendre l'hospitalisation d'Alban. J'espère qu'il ne souffre plus et qu'il va guérir très vite.

Le visage de Nathalie prit un air accusateur :

– Son inflammation, il l'avait avant de jouer. Disputer un match de championnat dans ces conditions était d'une imprudence folle !

– J'ignorais la gravité de sa blessure.

Elle laissa échapper un geste de colère :

– Il boitait, c'était visible. Le médecin avait prescrit un mois de repos absolu.

– Vous auriez dû m'avertir, lui interdire de venir au stade.

– C'est ce que nous avons fait, répliqua-t-elle sèchement. Alban nous a désobéi et il a menti. Vous pensez bien que nous ne lui aurions jamais permis de se rendre à Meilhan ! Il était soi-disant au cinéma avec sa cousine.

– Je vois..., murmura Gio, ennuyé.

– Mais c'est surtout votre rôle, de veiller sur la santé de vos joueurs, poursuivit-elle d'une voix sévère. On dirait que tout est bon à vos yeux pour remporter un ridicule championnat, au risque de pousser des gamins jusqu'à la limite de leurs forces et de les voir estropiés !

L'excès de ces paroles fit naître un pâle sourire sur le visage de l'entraîneur :

– Ne croyez pas cela. Il est vrai que je me suis laissé abuser par l'énergie d'Alban. Il s'est montré particulièrement brillant à l'entraînement, puis il a accompli plusieurs exploits durant le match. C'est lui qui a marqué le but victorieux.

– La victoire ! Vous n'avez que ce mot à la bouche, dit Nathalie avec aigreur.

– Dans le premier cas, il a joué cinq minutes, et dimanche dernier j'allais le remplacer quand il a été victime d'une brutalité involontaire. Le foot est un jeu viril. Les accidents de ce genre sont fréquents, mais c'est une belle école de courage.

– Alban n'a que quatorze ans ! s'indigna Nathalie. Et j'envisage pour lui une meilleure école que la vôtre. Terminé, le foot !

Gio secoua la tête, désapprobateur :

– Le sport lui manquera. Alban est très doué. C'est le meilleur élément de l'équipe, et l'un des meilleurs du championnat.

– Il se consacrera à ses études. Ce sera autrement gratifiant.

– C'est vous qui décidez, dit Gio d'un ton froid. Puis-je le voir quelques instants ?

– En ce moment, il se repose.

Gio hocha la tête :

– Dites-lui simplement que tous les membres de l'équipe pensent à lui. Et soyez gentille de lui remettre ceci de ma part.

– Un ballon ? Je ne crois pas que ce soit une bonne idée.

– C'est beaucoup plus qu'un simple ballon : un souvenir de grande valeur. Alban vous le dira.

Nathalie Wastyn prit le cadeau et le déposa sur le haut d'une petite bibliothèque garnie de livres de la *Série Noire*. « Elle ne le lui donnera pas », pensa Gio. Décidément, il n'appréciait pas cette femme rigide, bien qu'il comprît son désir de protéger son fils.

De son côté, Nathalie jugeait l'entraîneur sec, dur et dominateur. « Alban reprendra peut-être le foot, songea-t-elle, mais avec un autre entraîneur, plus humain. »

Au moment de monter en voiture, dans le parking aménagé au bord de l'étang, Gio entendit quelqu'un l'appeler. Il reconnut le maire de Miraval. Élu huit mois auparavant, Jérôme Delumeau était un homme d'une trentaine d'années, sympathique et dynamique.

– Encore une victoire ! s'écria-t-il. Décidément, mon cher, vous êtes l'homme de tous les succès !

Perturbé par les reproches de Nathalie Wastyn, Gio dut faire un effort pour sourire. En juillet, le maire avait été ravi de présider la cérémonie organisée en l'honneur des cadets, champions de France.

– C'est un bon début pour un nouveau titre ! insista Delumeau.

– La saison ne fait que commencer, rappela Gio, toujours prudent.

Le maire prit à témoin les trois membres de son entourage :

– Un sorcier tel que vous saura ajouter des étoiles à notre palmarès.

L'entraîneur répliqua avec une mauvaise humeur à peine déguisée :

– La magie n'est pour rien dans les victoires des cadets. Seuls comptent le courage, la condition physique, et surtout l'entente entre les joueurs. Or les trois quarts d'entre eux sont débutants. Il faut du temps, parfois deux saisons, pour construire une équipe, révéler ses talents, rendre les joueurs solidaires…

– Six points d'avance, j'appelle ça un démarrage prometteur ! coupa le maire.

Il se mit à rire et ses trois compagnons l'imitèrent. Gio conserva son sérieux :

– J'ai deux blessés, dont le meilleur élément de l'équipe.

– Les risques du métier ! dit le maire.

Il se désintéressait déjà du sujet. L'un de ses conseillers évoquait un projet de construction sur la rive opposée de l'étang.

Gio profita de cette diversion pour saluer et débloquer les portes de son véhicule.

– Si vous avez besoin de quoi que ce soit, venez me voir ! lança Delumeau.

Gio, connaissant par expérience les vaines promesses des élus, le remercia d'un petit geste de la main. Il était impatient de gagner le stade et de retrouver l'amitié sincère de ses joueurs, qui l'attendaient depuis un quart d'heure.

– Vous êtes à l'amende, boss ! annonça Spi.

– Dix dollars la minute, précisa Ramon.

– On accepte les chèques et les cartes de crédit, concéda Dany, grand seigneur.

L'entraîneur sourit :

– J'ai rendu visite à Alban.

– Il va mieux ? demanda Ramon.

– Beaucoup mieux.

– Il revient quand ?

– Je l'ignore. Ça dépend du médecin.

« Et de Mme Wastyn », ajouta-t-il mentalement.

Sur le terrain, il compta six absents. Outre les deux blessés, Gaël et Alban, il manquait Yves, Stephen, Dimitri et Mario.

– Une véritable hécatombe ! commenta Osman.

– Quelqu'un connaît-il la raison mystérieuse de cette soudaine épidémie ?

– Dimitri a la grippe, dit Willy.

Quant aux autres, personne ne savait ce qui leur était arrivé. Aucun n'avait pris la peine de téléphoner. C'était d'autant plus inquiétant qu'il y avait, parmi eux, deux titulaires : Yves et Mario. Dans quatre jours, Miraval devrait affronter Trets sans eux !

– Qu'est-ce qu'on fait ? demanda Ramon.

Gio comprenait ce que voulait dire le gardien : « Quelle solution pour dimanche ? » Il éluda la question :

– On s'entraîne !

Il les mena dans les collines, puis procéda aux exercices habituels : assouplissement, coordination, combinaisons à deux ou trois joueurs, jeux d'adresse.

– Et le match de sixte ? s'inquiéta Willy. On est onze !

– Je compte deux fois six, répliqua Gio, imperturbable.

– Où il est, votre douzième ?

– Un joueur fantôme ! ricana Frank.

– Nous allons bien voir s'il s'agit d'un fantôme ! gronda Gio

Spi écarquilla les yeux, incrédule :

– Pas vous, quand même, boss ?

– On va vous casser, c'est triste !

Olivier s'esclaffa :

– Le foot, ce n'est plus de votre âge !

– Bande de petits frimeurs ! Je vais vous

montrer, moi, si je suis trop vieux pour vous flanquer la correction que vous méritez. Allez, en piste !

Il forma deux équipes. Dans la première, il plaça Ramon, Osman, Dany, Mike, Spi et Olivier. Dans la deuxième, il se joignit à Renaud, Frank, Jean, Rémy et Willy.

D'emblée, il s'aperçut que ses coéquipiers étaient en forme. Ses adversaires étaient aussi en excellente condition, et certains, comme Osman, ne le ménageaient pas.

Les joueurs constatèrent que, malgré son âge, leur entraîneur n'avait rien perdu de sa résistance et de son adresse. Comme il arbitrait le match, tout en occupant le poste d'avant-centre, ils s'amusaient à contester ses décisions.

Osman le retint par le maillot et s'excusa en riant :

– Je vous avais pris pour l'arbitre !

L'ambiance était joyeuse. Les cadets, tout au plaisir de jouer, ne songeaient pas au handicap de rencontrer Trets avec onze joueurs seulement, autrement dit sans aucun remplaçant.

Le match de sixte se termina sur le score de 2 à 2.

– Pas mal pour un grand-père, commenta Osman.

Gio sourit et les rassembla pour un ultime briefing :

– À Trets, vous allez souffrir. Sachant l'équipe diminuée, vos adversaires ne vous feront pas de cadeau. Mais la volonté de gagner compense bien des faiblesses. Olivier, tu joueras à l'extrême pointe de l'attaque, dos à la défense adverse. Tu es solide et opportuniste, tu l'as prouvé. Spi, Willy et Mike auront pour mission de te fournir des ballons. À toi d'exploiter leurs passes. Je compte sur vous tous. Vous êtes des joueurs généreux. Vous formez une véritable équipe. Ça n'a pas de prix.

– On va les balayer ! dit Spi.

– En beauté ! rugit Mike.

Olivier laissa échapper un geste de colère. C'était la quatrième fois que la passe de Willy terminait sa course en sortie de but. Les centres de Spi n'étaient pas plus précis.

– Ils le font exprès, ma parole ! maugréa-t-il.

En vingt minutes de jeu, il n'avait pas eu la moindre opportunité de marquer. Gio allait le rendre responsable de ce fiasco, alors qu'il ne faisait qu'appliquer ses consignes. De temps en temps, il guettait les réactions de l'entraîneur. Celui-ci avait l'air indifférent. Au lieu de recadrer les deux ailiers, il suivait le match, bras croisés, impassible.

Avant le rassemblement, Gio avait manifesté une certaine fébrilité. Peut-être craignait-il de nouvelles défections, qui auraient entraîné la défaite de son équipe par forfait. Mais, après avoir récupéré deux joueurs absents à l'entraînement, il avait été rassuré.

– Ici ! hurla Olivier.

Cette fois, la passe de Mike était trop courte. Olivier s'élança et écarta Bob, le milieu de Trets, d'un coup d'épaule.

– Jouez ! dit l'arbitre.

Olivier fonça, balle au pied. Cette rencontre était pour lui l'occasion rêvée de faire ses preuves. Alban reviendrait un jour reprendre sa place au centre de l'attaque. Olivier serait de nouveau remplaçant, sauf s'il se distinguait d'ici là.

À quinze mètres des buts, il décocha, à ras de terre, un tir puissant qui faillit tromper Narval, le gardien. Celui-ci détourna en corner.

Olivier frappa dans ses mains afin d'ameuter ses coéquipiers. Seuls deux d'entre eux montèrent pour reprendre le corner tiré par Willy. Olivier bondit. Narval sauta en même temps et dégagea du poing. Au cours de l'action, le coude du gardien cogna Olivier au visage. L'avant-centre repoussa brutalement le maladroit :

– Fais gaffe, minable !

L'arbitre intervint aussitôt et accorda un coup franc à Trets. Puis il fit signe à son joueur de se calmer. Narval souriait d'un air désagréable. Ravalant ses insultes, Olivier recula à distance réglementaire en le fixant d'un regard mauvais : « Je vais t'en planter un vite fait, tu rigoleras moins ! »

Jeu latéral, passes téléphonées, défense en ligne… Trets pratiquait un foot très académique, plaisant à regarder, mais peu efficace.

Avec ses six points d'avance sur le deuxième, Miraval faisait figure d'épouvantail. Son adversaire mobilisait sept défenseurs pour résister à une attaque qui avait inscrit quatorze buts depuis le début de saison.

« Ne vous laissez pas endormir ! » pensa Gio en voyant Osman, Frank et Dany faire un numéro devant les buts de Ramon.

« Plus vite, la relance ! »

Comme s'il avait entendu l'entraîneur, Mike adressa une longue balle à Olivier. Après avoir contenu la charge musclée du libero, l'avant-centre s'élança droit au but. Devant lui, deux défenseurs.

« Sur Spi ! » s'échauffa Gio. À droite, l'ailier était démarqué. Olivier choisit de passer en force. Il se défit du stoppeur. Puis Jacques Janin, « JJ », l'arrière gauche de Trets, le tacla. Olivier trébucha et s'effondra dans la surface de réparation.

– Penalty ! décréta l'arbitre, sourd aux protestations de JJ.

Olivier plaça son ballon avec jubilation. Il allait ridiculiser ce fanfaron de gardien ! Sur la frappe, en voulant feinter, il manqua son tir. Le gardien réussit à repousser. Olivier reprit. Le ballon se perdit au-dessus de la cage.

« Brouillon ! » gronda Gio.

Il manquait à l'équipe deux maillons essentiels : Yves au centre, et Alban en pointe.

Quelques instants plus tard, Osman voulut remettre en retrait à son gardien. Sa balle, trop courte, prit Ramon au dépourvu. L'avant-centre de Trets, Garat, s'élança et la dévia dans les buts. 1 à 0. Trets menait contre le cours du jeu. Ses joueurs dansaient de joie devant le public, qui les acclamait.

« Gaspillage ! » s'emporta Gio.

Après deux attaques avortées face à une défense de Trets de plus en plus renforcée, l'arbitre siffla la mi-temps.

Gio affichait sa tête des mauvais jours :

– Vous avez été au-dessous de tout ! À aucun moment, je n'ai vu d'équipe. Uniquement des joueurs isolés, qui n'en faisaient qu'à leur tête. Toi, Olivier, tu t'obstines à vouloir marquer, même dans des positions défavorables, sans regarder autour de toi. Ce n'est pas ce que je t'ai demandé ! Toi, Spi, tu dribbles trop ou pas assez. Soit tu t'enfermes, soit tu te débarrasses du ballon. Toi, Osman, tu es trop sûr de toi. Tes fantaisies, à quelques mètres des buts, nous coûtent cher ! Je veux de la rigueur, vous entendez ? Pas une seule balle perdue. Pas de passes imprécises, pas de cadeaux à l'adversaire. Et jouez plus vite. Vous dormez. Vous n'êtes même pas essoufflés !

– Je me suis battu sur chaque balle ! se rebella Olivier.

– Seul. C'est ce que je te reproche. En voulant trop bien faire, tu commets des erreurs.

– Tout le monde peut rater un penalty !

– C'est vrai, admit Gio. Mais là aussi tu as voulu tenter le diable. On a répété cent fois les tirs au but. Il suffisait de placer ton ballon dans un angle. Pourquoi tenter un contre-pied ? Narval n'est pas un aigle !

Il se tourna vers Ramon :

– Toi non plus, du reste ! Sur le but, tu semblais paralysé. Une statue !

Le gardien prit l'air mortifié :

– J'ai été surpris…

– Tu aurais dû plonger, au lieu de lever les bras comme un épouvantail.

Réalisant qu'il avait fait preuve d'une sévérité excessive, contrairement à ses habitudes, car il encourageait toujours ses joueurs en cours de match, il sourit :

– Vous êtes dix fois plus doués que vos adversaires. C'est ce qui me met en rogne. Faites comme moi, bon sang ! Fâchez-vous, sortez de vos gonds ! Sans perdre la tête ni le ballon. Montrez-vous à la hauteur de votre réputation. Vous êtes les meilleurs, oui ou non ?

L'arbitre siffla la reprise. Cravachés par les paroles de l'entraîneur, les cadets commencèrent la deuxième mi-temps à un rythme d'enfer. Soumis à ce régime, les Tretsois commettaient maladresse sur maladresse, et les avants de Miraval en profitaient.

À la cinquante-cinquième minute, le ballon, mal dégagé par le gardien, arriva à portée d'Olivier. L'avant-centre shoota de toutes ses forces, perça le rideau défensif et marqua. Fou de joie, il s'élança hors du terrain et escalada les premières marches de la tribune, le poing levé, sous les applaudissements des spectateurs. Spi, Willy et Mike vinrent le bousculer amicalement. Ils étaient heureux pour lui : sous ses airs belliqueux, Olivier était l'un des joueurs les plus sympathiques de l'équipe.

« Restez concentrés ! » s'inquiéta Gio.

Il redoutait les moments d'euphorie qui succèdent aux exploits : ils entraînaient souvent un relâchement propice aux imprudences. Il fut vite rassuré. Ses joueurs continuèrent à dominer leurs adversaires sans céder à la précipitation.

Dix minutes après le but d'Olivier, Dany lança Spi, qui effaça deux défenseurs et logea la balle au fond des filets. 2 à 1.

« Bien joué ! » apprécia l'entraîneur. Il fit un signe de tête à l'ailier agenouillé devant lui, les bras au ciel.

– Gio est en transe ! ricana Mike devant le flegme de l'entraîneur.

– Chiche qu'on va le réveiller ! lança Willy.

Olivier lui fit un clin d'œil :

– Un troisième ?

Menés à la marque, les Tretsois risquaient de timides contre-attaques à deux joueurs, sans dégarnir leur défense.

« Petit jeu ! » fulminait Gio.

Il détestait les équipes timorées qui s'avouaient vaincues et refusaient le combat.

Soudain, il se figea : après une combinaison avec son ailier, JJ se trouva en possession de la balle à quelques mètres des buts de Miraval. Il évita adroitement le tacle d'Osman. Ramon n'avait pas bougé.

« Sors de ta cage ! » hurla Gio intérieurement.

Trop tard ! JJ avait tiré à ras du cadre. Les spectateurs croyaient la balle au fond des filets, lorsque Ramon plongea et bloqua le ballon.

« Superbe ! » jubila Gio.

Sa joie fut de courte durée, car, au cours de l'action, le crâne du gardien avait heurté le montant. Ramon resta à terre, évanoui. L'entraîneur se précipita et s'agenouilla à côté du blessé, toujours inconscient. Du sang s'écoulait de son cuir chevelu. Gio fit signe au médecin. Albert Santoni accourut, muni de sa trousse. Quelques minutes plus tard, on évacua le gardien sur une civière.

Gio demanda à Renaud de prendre la place de Ramon. Puis il oublia le match pour s'occuper du gardien, qui commençait à reprendre ses esprits. Après avoir examiné le fond de l'œil du blessé, le médecin décréta :

– Il vaut mieux le conduire à l'hôpital.

Gio approuva :

– Je vous accompagne.

De l'hôpital, il appela les parents de Ramon. Il resta avec eux, partageant leur inquiétude jusqu'à ce qu'un neurochirurgien, flanqué d'Albert Santoni, vînt les rassurer :

– Aucun traumatisme. Par prudence, on va le garder cette nuit en observation. Ensuite, pas de sport pendant quelque temps. Du repos, c'est tout ce qu'il lui faut.

Après avoir quitté l'hôpital, Gio fit un détour par le stade. Le match était fini depuis deux heures. Son équipe avait gagné 3 à 1. Ce beau résultat ne lui procura pas le plaisir habituel. La pelouse déserte lui sembla sinistre. Trois blessés en un mois : le mauvais sort s'acharnait sur l'équipe. L'hostilité de Nathalie Wastyn lui revint en mémoire. Autrefois, il en aurait souri. Ce soir-là, elle l'emplit de tristesse.

MIRAVAL
0:5

L'équipe ne comptait plus que trois absents : Ramon, Alban et Yves. Avec un effectif de quatorze joueurs, Gio pouvait envisager la suite du championnat avec plus de sérénité. En battant Trets, Miraval avait prouvé qu'elle ne manquait pas de ressources. Pourtant, les trois joueurs manquants étaient indispensables ; parmi eux, Yves, qui n'avait aucune raison de rester chez lui… Son père, Albert Santoni, médecin occasionnel de l'équipe, prétextant le danger auquel étaient soumis les joueurs, entendait protester contre la tyrannie de l'entraîneur. Chaque fois qu'Yves manquait un entraînement, il faisait partie des remplaçants au match suivant. Tous les joueurs se pliaient à cette règle. Le docteur, agacé, plaidait la cause de son fils :

« Il se reposait pour être en forme. »

La réponse de Gio tombait, laconique :

« Il continuera à se reposer dimanche.

– Règle stupide ! fulminait Santoni.

– Elle s'applique depuis douze ans à tous les joueurs. »

Entre l'entraîneur et le médecin, les rapports étaient tendus.

En représailles, Santoni, brave homme, mais très entêté, interdisait à son fils, l'un des piliers de la défense, de jouer, espérant ainsi obliger Gio à transgresser son règlement. C'était mal le connaître.

Depuis douze ans, la réussite de ses joueurs venait en grande partie de leur excellente préparation physique.

Ce mercredi-là, Gio conduisit son entraînement comme à l'accoutumée, sans se soucier des critiques du bon docteur Santoni.

– Frank, tu es à la traîne ! cria-t-il en constatant que le défenseur peinait à suivre les autres sur le sentier des chèvres.

– Je suis nase ! grogna Frank.

Gio secoua la tête :

– Tu t'es encore couché à minuit !

– Pas du tout, mentit Frank. J'ai peut-être trop forcé, dimanche dernier.

– Entre la télé et le foot, il faut choisir ! s'emporta Gio. Les mardis et samedis, vous devez être au lit avant neuf heures du soir !

– Avec les poules ! railla Osman.

Quand ils regagnèrent le stade, ils s'effondrèrent sur la pelouse et firent les morts. C'était un jeu. En réalité, ils étaient en pleine forme. Frank lui-même ne manquait ni de souffle ni d'endurance, seulement de sommeil.

– Dix minutes de repos avant le match, annonça Gio.

Il s'absenta pour téléphoner chez Ramon et chez Alban. À son retour, il trouva ses joueurs en train de s'exercer aux tirs au but. Il apprécia :

– Je vois que vous êtes prêts. Jean, tu feras office de gardien. Première équipe : Renaud, Frank, Dany, Willy, Dimitri et Olivier. Deuxième : Jean, Osman, Stephen, Mario, Rémy et Spi. À la mi-temps, Gaël remplacera Spi, et Mike, Olivier.

– Le temps de passer trois buts, et je te cède la place, frima l'avant-centre, fier des deux buts inscrits le dimanche précédent.

– Ce que je demande, c'est un jeu collectif, insista Gio. N'essayez pas de marquer à tout prix ni de démolir les attaquants. Compris, Osman ? J'ai assez de blessés comme ça !

Le match débuta en douceur. Gio signalait aux joueurs leurs erreurs et corrigeait leurs défauts :

– Derrière toi, Olivier. Ouvre les yeux !... Non, Osman, je n'appelle pas ça un tacle, c'est une agression !... Jean, tu es mal placé ! Bien joué !

Ce compliment s'adressait à Renaud, qui venait de bloquer une balle difficile.

À cet instant, un homme entra sur le terrain et interrompit le match :

– Monsieur Giovanelli, il faut que je vous parle.

C'était le président du club, Pierre Delpech.

– Je suis à vous dans une demi-heure, dit l'entraîneur.

Delpech passa une main nerveuse dans ses cheveux blonds :

– J'ai rendez-vous à dix-sept heures avec le sous-préfet, et notre entretien ne peut être différé.

Gio émit un grognement. Il n'appréciait pas beaucoup ce jeune président toujours vêtu comme un mannequin de haute couture. On le disait très intelligent, surtout dans son domaine, l'informatique. Delpech dirigeait la section « recherche et développement » d'une grande firme américaine implantée en Provence. En matière de foot, par contre, il était plutôt ignorant, bien qu'il prétendît avoir joué deux saisons en division d'honneur.

Gio remit son sifflet à Olivier :

– Tu vas arbitrer, pas de bêtises !

– Allons dans mon bureau, proposa Delpech.

Gio le suivit à contrecœur. Après le départ de l'ancien président, Delpech avait remplacé le vieux mobilier par des meubles design, et les cadres des champions de Miraval par de magnifiques posters de *France Football*.

– Parlons un peu de vos blessés, dit le président sans préambule.

Refusant le fauteuil qu'il lui offrait, Gio alla tapoter un baromètre, seul vestige de l'ancien décor. « On aura de la pluie dimanche », pensa-t-il.

– Un problème pour l'équipe, soupira-t-il, pour revenir au sujet qui préoccupait le président.

– Pas seulement pour l'équipe.

Gio, ironique, fit face à son interlocuteur :

– Pour vous ?

– Des parents se sont plaints.

– De quoi, au juste ?

– De vous, de vos méthodes, qu'ils jugent brutales.

Gio eut un rire forcé :

– Brutales ! C'est nouveau, ça !

– Justement, non. Ce reproche ne date pas d'aujourd'hui. Il y a quelque temps qu'on parle de votre sévérité excessive, et…

– Je ne veux pas savoir qui est ce « on », le coupa Gio avec mépris. Mes méthodes n'ont pas changé. Ce sont les mêmes depuis douze ans, et jamais personne n'a songé à les remettre en cause. Bien au contraire. J'ai reçu des centaines de lettres de félicitations. Je vous engage à les lire. Lorsque j'ai pris cette équipe en main, vous deviez être en quatrième ou en troisième, et vous résidiez en région parisienne. Dommage, sinon je vous aurais pris dans ma formation, puisque vous êtes doué pour le foot, paraît-il. Si vous aviez expérimenté mes méthodes, nous n'aurions pas cette discussion, aujourd'hui.

– Disons que vos méthodes ont peut-être évolué avec l'âge, avança Delpech, vexé d'être traité comme un gamin.

– L'âge, nous y voici ! s'emporta Gio. Je vous rappelle que, la saison dernière, mon équipe a été championne de France pour la quatrième fois. Mon équipe, c'est-à-dire un peu la vôtre aussi, bien que vous ayez décroché du mur les photos des champions qui ont fait la gloire de ce club, et qu'on ne vous voie guère au stade.

– Permettez ! se fâcha le président. Ce n'est pas l'objet de cet entretien. Il est question de deux blessés graves.

– Graves, n'exagérons pas !

– Mme Wastyn et le docteur Santoni critiquent votre façon de forcer vos joueurs à entrer sur le terrain alors qu'ils ne sont pas en état de jouer.

Gio inclina la tête :

– Si vous parlez d'Alban, je reconnais que j'ai été trop indulgent avec lui. Il avait une telle envie de jouer que j'ai cédé. Sa blessure semblait guérie. Du reste, il s'est montré particulièrement brillant au début du match. J'allais le remplacer quand il a été victime de cet accident stupide…

– Des accidents pareils ne doivent plus se reproduire !

Gio haussa les épaules :

– Le foot est un jeu viril, même au niveau des cadets. Quoi que vous puissiez penser, je veille avec soin sur mes joueurs. Si Albert Santoni m'avait informé de l'état d'Alban, je l'aurais mis au repos. Or ce bon docteur n'a rien remarqué.

– Malgré son dévouement, Santoni n'est pas le médecin attitré du club, rappela Delpech avec humeur. Quant à moi, j'en suis le président.

– Et moi, l'entraîneur ! gronda Gio. À chacun ses responsabilités : gérez le club à votre guise, et laissez-moi la direction de l'équipe et le choix des joueurs.

Les deux hommes, furieux, s'affrontèrent du regard. Puis Gio tourna les talons et sortit du bureau en claquant la porte.

MIRAVAL
0:6

La salle où se réunissaient les membres du club contrastait par son inconfort avec le raffinement du bureau présidentiel.

Cinq personnes étaient assises autour d'une table de ferme au plateau maintes fois restauré. Marion Arnaudy, professeur de maths à la retraite et ancienne championne de course à pied, essaya de trouver une position supportable sur sa chaise de bois. Elle n'était pas du genre à se plaindre, mais les réunions interminables sur ces sièges spartiates lui apparaissaient comme une épreuve incompatible avec son âge.

– Venons-en au fait ! dit-elle du ton cassant réservé à ses mauvais élèves.

– Le problème est clair, expliqua Pierre Delpech : en vieillissant, M. Giovanelli devient chaque jour plus intolérant. Vis-à-vis de ses jeunes joueurs, la dureté de ses méthodes présente des dangers. Or nous avons pour mission de former, mais aussi de protéger nos jeunes adhérents. Il y a eu des plaintes…

– Une plainte, rectifia Marion.

– Deux.

– Je vous l'accorde, dit Marion en riant… Une précision : lorsque vous faites référence à l'âge de Gio, je me permets de vous rappeler que vous parlez d'un homme qui a dix ans de moins que moi.

– Vous n'entraînez pas les cadets !

– Dieu m'en préserve, il fait ça à la perfection. Gio est le meilleur entraîneur de France, l'un des meilleurs d'Europe.

– Il l'a été.

– Il l'était encore il y a quatre mois, railla Marion en montrant le trophée de champion de France suspendu au mur.

Le président fit un geste d'impatience :

– Il n'est pas question de contester les qualités sportives de M. Giovanelli ni de méconnaître son palmarès ! Il s'agit de calmer les inquiétudes légitimes des parents.

Marion leva les yeux au ciel. Au début, le nouveau président lui avait fait bonne impression. Sa jeunesse, son allure, son énergie semblaient promettre toutes sortes d'initiatives et de réformes. Avec lui, le club allait enfin bouger. Effectivement, Delpech avait attiré des sponsors, grâce auxquels les caisses du club s'étaient remplies. On avait pu aménager les tribunes, acheter du matériel.

En même temps, le président avait recruté de nouveaux membres, plus jeunes, et poussé vers la sortie les piliers du club : Louis, le trésorier, et Henri, le secrétaire général. Marion avait été plus difficile à déloger, en raison de sa parenté avec l'adjoint au maire chargé de la jeunesse et des sports. Cependant son rôle, au sein du comité, avait été limité. Il se bornait maintenant à observer l'ascension de Delpech, dont les préoccupations étaient plus politiques que sportives.

Le président fit un geste faussement conciliant :

– Je propose que nous dotions l'entraîneur d'un assistant qui veillera sur la santé et le bien-être des joueurs. Ainsi, nous pourrons satisfaire à la fois les parents, les joueurs et les élus.

– En somme, tout le monde, sauf le principal intéressé ! ironisa Marion.

– Je ne vois pas en quoi la nomination d'un assistant peut défriser l'entraîneur, intervint Fabrice Forestier, trésorier du club et âme damnée du président.

– Je vais vous le dire, répliqua Marion. De deux choses l'une : ou votre assistant aura une certaine autorité, et il se trouvera fatalement en conflit avec Gio ; ou bien il n'en aura aucune, et dans ce cas je n'en vois pas l'utilité.

– Chacun aura ses prérogatives, expliqua Nelly Bernardin, vice-présidente du club. L'assistant informera l'entraîneur. Il sera plus proche des joueurs, plus à l'écoute de leurs problèmes personnels.

– Il informera aussi le comité, pas vrai ? conclut Marion.

– En effet.

Marion sourit, et Nelly lui rendit son sourire. C'était une jeune femme ravissante et loin d'être sotte. Parfois, il lui arrivait de s'opposer au président, qui l'avait pourtant nommée à ce poste. Delpech subissait son influence et se pliait parfois à ses exigences, au point que Marion avait soupçonné quelque complicité amoureuse entre les deux jeunes gens. Il n'en était rien : Pierre et Nelly étaient mariés chacun de son côté, et fidèles.

– Gio ne fera qu'une bouchée de votre bleusaille, prédit Bruno Sabran, le cinquième membre du comité directeur.

– Dans ce cas, nous aurons à prendre une décision difficile, soupira Delpech.

– Vous voulez dire que vous pourriez vous passer des services de Gio ? s'exclama Bruno, incrédule. D'autres ont essayé avant vous et s'y sont cassé les dents !

– Les temps changent, les hommes aussi, dit le président d'une voix douce. Je suggère que nous recrutions Laurent Darel. Il est professeur d'éducation physique au lycée Saint-Éxupéry et a un excellent contact avec les jeunes.

– Et il est passionné de foot, ajouta Nelly.

« Quel piège ignoble ! songea Marion avec dégoût. Delpech sait parfaitement que Gio n'acceptera jamais la décision du comité. Sa proposition n'est qu'une manigance pour le pousser hors du club ! »

Le président regarda sa montre comme s'il était impatient d'en finir :

– Nous n'avons qu'à voter.

– Un dernier mot, dit Marion. Si Gio s'en va, c'est la fin de la grande équipe de Miraval. Nos cadets redeviendront ce qu'ils étaient autrefois : de gentils sportifs flottant dans la tiédeur du championnat régional. Adieu, le championnat de France et la coupe d'Europe ! J'espère que vous avez pesé avec soin votre décision.

– Ma chère Marion, je vous trouve bien pessimiste, répliqua Nelly avec gentillesse. Laurent est loin d'avoir le talent et l'expérience de Gio. Mais c'est un bon entraîneur et un homme très sympathique, j'en réponds.

– Dans ce cas..., dit Marion, ironique.

Nelly avait participé à des championnats de natation. C'était une jolie naïade plus qu'une championne, du reste. Elle ne s'intéressait guère au football. Si elle soutenait si fort la candidature de Laurent Darel, c'est que celui-ci était l'un de ses amis. En le choisissant, Delpech avait bien manœuvré : il s'était ainsi assuré le soutien de la vice-présidente lors du vote qui allait suivre.

Cette formalité fut vite expédiée. Par trois voix contre deux, la nomination de Laurent fut entérinée.

Marion se leva :

– C'est une grosse erreur !

– J'en prends la responsabilité, rétorqua Delpech avec indifférence.

Sortie du club, Marion observa une bande de gosses qui s'ébattaient en criant sur la pelouse du stade. Ce spectacle l'emplit de nostalgie. Sans être une proche de Gio, elle admirait ce bel homme qui consacrait sa vie à son équipe depuis des années. Sans son job d'entraîneur qu'allait-il devenir ? Et quelle opinion aurait-il du comité qui venait de le trahir si bassement ?

Elle eut envie de lui téléphoner pour le mettre en garde et lui expliquer qu'elle s'était opposée à ce complot. Elle y renonça.

Elle se dirigea vers le secrétariat, prit un stylo et une feuille blanche, et rédigea une lettre de sa grande écriture nerveuse. Puis elle la plia en quatre et rentra dans la salle de réunion. Delpech, Nelly et Fabrice continuaient à discuter entre eux. Ils se turent en la voyant traverser la pièce.

Elle posa sa feuille devant le président :

– Voici ma démission, dit-elle.

Delpech se contenta de hocher la tête. Cette décision l'arrangeait. Fabrice eut un petit sourire. Nelly, elle, parut surprise et contrariée.

Ce départ n'arrangeait rien, mais il permettait à Marion d'être en paix avec sa conscience.

– Tu es sûr d'être rétabli ? s'inquiéta Gio.

Ramon remit à l'entraîneur un certificat médical précisant qu'il était apte à recommencer le sport.

– C'est un faux ! railla Renaud. Vous voyez bien qu'il ne tient pas sur ses quilles. Et sa tronche ! Il ne sait même plus comment il s'appelle.

– Je choisirai le meilleur de vous deux, décida Gio.

– Alors, désolé pour toi, Ramon, poursuivit Renaud sur le même ton.

Ramon, qui mesurait huit bons centimètres de plus que son remplaçant, vint se coller à lui :

– Tu as pris de la graine, petit !

– En tout cas, moi, je n'encaisse pas de buts.

– C'est ce qu'on va voir, gloussa Olivier.

Il frappa du pied gauche. Le ballon fusa entre les deux gardiens rivaux et pénétra dans la cage.

– Double but !

– C'est malin ! grommela Ramon en récupérant la balle.

– Je constate que le moral est au top, dit Gio. Ça promet pour dimanche.

Il formait les deux équipes de sixte lorsque Pierre Delpech arriva, accompagné d'un jeune homme en survêtement bleu aux couleurs de Miraval.

– Vous avez quelques instants ? demanda le président.

« Décidément, c'est une manie ! » pesta l'entraîneur.

– Vous tombez mal ! grogna-t-il sans cesser de surveiller ses joueurs, qui gagnaient leurs positions.

– Au contraire, affirma Delpech sans se formaliser de l'accueil glacial qu'on lui réservait. Je vous présente Laurent Darel, un jeune entraîneur impatient de se perfectionner à votre contact.

– Entraîneur de quoi ? demanda Gio distraitement.

Le nouveau venu jeta un regard étonné au président. On lui avait expliqué que Gio songeait à prendre sa retraite et cherchait un successeur. De toute évidence, ce n'était pas le cas.

– De foot.

– Laurent restera à vos côtés. Il vous servira d'assistant, s'empressa d'ajouter Delpech.

– Je n'ai pas besoin d'assistant, répliqua Gio d'un ton brutal. Si vous voulez, vous pouvez vous asseoir ici et regarder le match, mais sans m'interrompre.

Il se désintéressa aussitôt des visiteurs et siffla le début de la rencontre. Delpech, qui l'avait suivi sur le terrain, lui saisit le bras :

– Vous ne m'avez pas bien compris : la nomination de cet assistant a été décidée par le comité directeur.

D'un coup de sifflet, Gio interrompit le match à peine commencé.

– Continuez à vous échauffer, recommanda-t-il aux joueurs. Je n'en ai pas pour longtemps.

Il tourna vers Delpech un visage de pierre :

– C'est quoi, cette histoire d'assistant ?

– Nous avons jugé indispensable de vous adjoindre un jeune élément que vous formeriez pour vous remplacer dans l'avenir.

– Dans un proche avenir, je suppose ? articula Gio.

– Pas forcément.

– Que souhaitez-vous, au juste : le plus tard ou le plus tôt possible ?

– Ça ne dépend que de vous.

– Vraiment ? Vous recrutez ce jeune homme, au demeurant fort sympathique, sans me demander mon avis, sans me laisser le choix du candidat, et, après m'avoir mis devant le fait accompli, vous prétendez que la décision m'appartient ? C'est une plaisanterie ? Lors de notre dernière conversation, j'avais pourtant été clair : tant que je serai entraîneur, c'est moi, et moi seul, qui prendrai les décisions !

– Tant que vous serez entraîneur, en effet, dit Delpech.

Les yeux gris de Gio brillèrent d'une lueur dangereuse :

– Vous vous croyez assez fort pour me limoger ?

Delpech sourit :

– C'est vous qui parlez de limogeage. Personne n'envisage de se passer de vos services. Cependant, la nomination des entraîneurs et des assistants fait partie de mes prérogatives.

– Je vois, gronda Gio.

Il savait se maîtriser en toutes circonstances. Mais ce jour-là il sentit déborder sa colère.

– Arrêtez-moi si je me trompe : cet apprenti va être chargé de m'espionner et de vous rapporter fidèlement tous mes faits et gestes. Sinon, quel serait son rôle ? J'ai eu des assistants dans le passé. Nous avions alors plusieurs équipes de juniors et de seniors. Ce n'est plus le cas aujourd'hui.

– Disons qu'il aura pour mission d'être très proche des joueurs.

– Plus proche que je ne le suis ? demanda Gio avec ironie.

Delpech fit la moue :

– C'est surtout une question d'âge, vous savez. Laurent a vingt-deux ans.

– Et vous croyez vraiment que je vais accepter cette situation ?

Le regard du président se durcit :

– Je crains que vous n'ayez pas le choix.

À cet instant, Gio fit un pas dans sa direction, poings serrés, le visage si menaçant que le président battit prudemment en retraite.

– Vous saviez que je n'accepterais pas, dit-il d'une voix sourde. Vous le saviez très bien. Vous n'avez pas osé me renvoyer, alors vous choisissez ce prétexte minable : être plus près des joueurs ! C'est pitoyable ! Je vous savais ambitieux et sans scrupules, mais j'ignorais à quel point vous êtes lâche !

– Permettez ! dit le président en pâlissant.

– Je ne permets rien du tout. Et, pour commencer, sortez de mon terrain, car c'est encore le mien, pour quelques instants !

Repoussant Delpech derrière la ligne de touche, il alla rejoindre ses joueurs, qui avaient observé la querelle avec stupéfaction.

– Ça va, monsieur ? demanda Osman.

Gio le prit aux épaules d'un geste amical.

– Je vais cesser d'être votre entraîneur, dit-il. C'est cet homme en bleu, là-bas, qui va me remplacer.

– Sans vous, l'équipe est flinguée ! se désola Spi.

– Il ne faut pas parler ainsi. Vous devez vous battre comme vous savez si bien le faire, rester vous-mêmes, rester en tête.

– C'est Alban qui est allé se plaindre ? demanda Frank, soupçonneux.

Gio fronça les sourcils :

– Qu'est-ce que tu vas chercher ! Alban est franc et généreux. C'est un excellent joueur. J'espère qu'il reviendra vite parmi vous !

– Et vous ? On pourra vous rendre visite ? demanda Osman.

Gio acquiesça en souriant :

– Quand vous voudrez. Je serai toujours là, quoi qu'il arrive.

– Et le match ? lâcha timidement Willy.

Gio secoua la tête :

– Désormais, c'est l'affaire de Laurent.

Il sortit du terrain, passa devant Delpech sans lui accorder un regard. Arrivé devant Laurent Darel, qui s'était assis, il laissa tomber le sifflet sur ses genoux :

– À vous de jouer !

Dans un premier temps, les cadets accueillirent Laurent avec méfiance.

– S'il s'imagine piquer la place de Gio, il se fourre le doigt dans l'œil ! railla Spi, résumant l'état d'esprit de toute l'équipe.

Cependant ils furent bientôt obligés de reconnaître que le nouvel entraîneur était marrant et gentil. Avec lui, les exercices devenaient des jeux, et les cadets disposaient d'une totale liberté. Il leur suffit de deux semaines pour l'adopter.

Lorsque les échos de cette entreprise de séduction parvint à Gio, il en souffrit. Ses joueurs s'éloignaient de lui. Ils n'étaient pas les seuls. Naïf, il avait cru que le public serait scandalisé par la manière dont on l'avait écarté, après de si belles victoires. Dans son esprit, on allait obliger le président à revenir sur sa décision. Nombreux furent ceux qui lui téléphonèrent, chez lui ou à son bureau, pour lui témoigner leur sympathie et l'assurer de leur soutien. Puis les appels s'espacèrent, et cessèrent. Les gens s'habituaient ; ils avaient d'autres soucis en tête.

Le maire, qui l'avait couvert d'éloges lors de la remise du trophée national, se taisait à présent. Quand il rencontrait Gio, l'adjoint au sport lui serrait la main chaleureusement, mais sans un mot. Son renvoi était un sujet tabou. À vrai dire, on ne l'avait pas renvoyé : c'était lui qui avait démissionné.

Il téléphona à Marion pour la remercier de l'avoir soutenu et d'avoir claqué la porte du club en signe de solidarité. Elle fulmina :

– Avec notre orgueil et nos principes, nous avons eu tort tous les deux. Nous avons fait le jeu du président. Maintenant, Delpech règne sans partage. Il a eu ce qu'il voulait.

– Conduire une équipe à la victoire n'est pas si facile.

– Vous laissez à votre successeur un bel héritage : neuf points d'avance. C'est une option pour un nouveau titre !

années avant de venir en Provence. Il faut dire que ce n'est pas la porte à côté.

– Et elle est venue avec… son mari ! s'esclaffa Ramon.

Ils éclatèrent tous de rire. Quand leur hilarité cessa, Gio leur fit part de son étonnement :

– J'ignorais que vous vous connaissiez, les anciens et les nouveaux !

– Salvator s'intéresse beaucoup à ma sœur, plaisanta Ramon.

– Et Éric, à ma cousine Malika, enchaîna Osman. Ça crée des liens !

Gio approuva avec chaleur :

– Si c'est une histoire de famille…

Il les installa dans sa véranda et alla chercher des boissons. Pendant qu'il pressait des fruits dans la cuisine voisine, ils examinèrent les trophées qui couvraient les murs.

– Ça, c'est la coupe d'Europe, la première ! s'exclama Ramon.

– Et ça, la deuxième, en Espagne. On n'a pas fait long feu ! soupira Éric. Éliminés au premier tour par l'Allemagne !

– C'était déjà super, de faire partie des douze meilleures équipes européennes, fit remarquer Osman. Ça ne risque pas de nous arriver, cette saison !

– Qu'est-ce que j'entends ? gronda Gio, qui apportait un plateau bien garni de boissons et de sandwichs. Vous avez la capacité de vous hisser au sommet. Pour y arriver, il ne faut pas vous avouer vaincus avant le combat !

– On n'est pas dégonflés, seulement réalistes, grommela Osman. On a perdu contre Pérols, ça, c'était un accident. On s'est battu pendant quatre-vingts minutes. Mais, à Carpentiez, on a touché le fond. Notre match nul, on a pu l'arracher grâce à Ramon. En toute honnêteté, on aurait mérité de perdre.

– Vous avez encore cinq points d'avance sur Mornay, rappela Salvator. Toutes les équipes, même les meilleures, connaissent des passages à vide.

Ramon leva une main fataliste :

– Sauf qu'il n'y a plus d'équipe. Chacun fait ce qu'il veut. À l'avant, ça tire dans tous les sens. C'est une vraie pagaille !

– Non ! intervint Gio. La faiblesse ne venait ni de l'attaque ni de la défense, mais du milieu de terrain. C'est là que Carpentiez s'est montré supérieur et a réussi à maîtriser le match.

Le gardien regarda Gio, intrigué :

– Vous étiez là ?

– Bien entendu.

– Pourquoi vous n'êtes pas venu nous voir ?

– Où ça ?

– Mais sur le terrain, à la mi-temps, pour nous expliquer comment réduire Carpentiez en bouillie !

Gio sourit avec mélancolie :

– Je doute que mon intervention eût réjoui votre entraîneur.

– C'est vous, notre entraîneur ! râla Ramon. Laurent est très sympa, mais il pige rien au foot.

– Tu es un peu sévère, non ? dit Gio en riant.

– Un peu, reconnut le gardien. C'est qu'entre vous deux, il n'y a pas photo. On a besoin de vous. Vous avez dit que vous alliez revenir. On voudrait savoir quand.

La main de Gio se mit à trembler :

– La décision ne dépend pas de moi. Et puis, je ne suis pas un magicien. Mon rôle se borne à tirer le meilleur parti de vos qualités. Je ne les crée pas, je les révèle… Enfin, je les révélais… Vous me manquez.

– Vous aussi, vous nous manquez, boss, murmura Osman.

Gio se leva d'un bond :

– Bon, finissez vos verres, tombez la veste et choisissez des bottes dans la remise. Il y en a pour une armée. Vous allez m'aider à dessoucher !

– La récré est finie ! maugréa Salvator.

– Le président a raison, gloussa Osman. Un vrai bourreau !

Ramon opina vigoureusement :

– Des joueurs ? Tu parles ! Des esclaves !

– Tas de feignants, je vais vous montrer si je

fais la sieste, moi, gronda Gio en empoignant sa hache. Nouez les cordes. Pas au tronc, aux racines. Maintenant, tirez, plus fort !

Ils obéirent en riant tandis que le fer de la hache résonnait sur le bois dur.

Spi courut vers Osman, qui attachait ses chaussures à l'autre bout du terrain :

– Vous l'avez vu ?

– Qui ça ?

– Gio ! Willy m'a raconté que vous étiez allés chez lui. Vous auriez pu m'avertir ; je vous aurais accompagnés. Qu'est-ce qu'il a dit ?

Osman imita la voix grave de Gio :

– Prenez des cordes, attachez-les solidement. J'ai dit : solidement. Et tirez !

Il se frotta les reins :

– On a déraciné des arbres. J'ai des courbatures et des crampes dans les jambes.

L'ailier s'esclaffa :

– Avec lui, question de faire travailler ses muscles, on est servis ! Quand est-ce qu'il revient ?

Osman renifla :

– Jamais !

– Tu charries ?

– Non, mec. Il est sur la touche, et il va y rester… Il nous a tout de même parlé d'Aulny. Il les a vus jouer ; il paraît que ce sont des caïds, surtout les attaquants : Arias, le blond avec les chaussettes aux chevilles, là-bas, et Marini, celui qui a le ballon.

Il siffla entre ses dents :

– Tu as vu le shoot ?

– J'ai vu, oui, grogna l'ailier.

– En plus, c'est un teigneux. On ne peut pas le toucher.

– Je sens que tu vas lui caresser le poil.

– Je vais me gêner !

Au même instant, Laurent rejoignit les joueurs, qui s'échauffaient :

– En forme, champions ?

Mike fit la grimace :

– Oui, mais en forme de quoi ?

– N'oubliez pas ce qu'on a décidé : vous jouez très haut pour les empêcher de se déployer.

– Avec des rapides comme Arias et Marietti, ça peut être dangereux, risqua Osman.

– Il faudra les marquer de près, c'est tout.

– C'est tout, grogna le défenseur.

Osman était grand et musclé, mais la rapidité n'était pas sa qualité principale.

« Gio aurait choisi une autre tactique », songea-t-il. Il examina machinalement les tribunes à la recherche de l'ex-entraîneur et ne le trouva pas. Peu de supporters de Miraval s'étaient déplacés. La foule encourageait l'équipe locale en hurlant :

– Allez, Aulny !

Le match commença.

Mike, en possession du ballon, donna en retrait à Dany, qui botta loin devant pour ses attaquants. Spi, Willy et Rémy foncèrent. Derrière, Mario et Mike montaient. L'offensive se développait lorsque Tardieu, le libero adverse, s'intercala entre Spi et Olivier, et servit Marietti, replié. L'avant-centre fonça le long de la touche, plus rapide encore qu'Osman l'avait imaginé. L'arrière vint à sa rencontre et, sur le point d'être crocheté, il le contra sèchement de l'épaule. Déséquilibré, l'avant-centre perdit la balle. Frank, pressé par Arias, mit en touche.

Osman se préparait à réceptionner la touche lorsqu'il fut empoigné par Marietti, fou furieux :

– Enfoiré !

– Un conseil : ne me cherche pas ! lança le défenseur en le repoussant.

L'arbitre vint séparer les deux joueurs et, devant les gesticulations de Marietti, contre toute attente, accorda un coup franc à Aulny.

Osman, de mauvais poil, cracha par terre :

– Il suffit de demander !

Malgré les rappels à l'ordre de l'arbitre, il resta devant le ballon le temps que ses coéquipiers forment le mur. Puis il consentit à reculer. Arias tira à ras de terre et perça la défense. Ramon se coucha sur le ballon. Puis il se releva et fit signe à ses partenaires de monter.

Sur la touche, Laurent gesticulait :

– Plus haut !

Spi s'empara de la balle et effectua un numéro de virtuose au sein de la défense avant de centrer. Olivier, sautant plus haut que ses adversaires, surprit le gardien. Le ballon fit trembler les filets. 1 à 0.

– Oui ! hurla Osman.

Sur la touche, Laurent levait les bras et criait comme s'il venait d'inscrire lui-même le but. « Il a peut-être raison, se dit le défenseur. Il faut les harceler, les empêcher d'attaquer. »

Cependant, six minutes plus tard, Arias, seul au milieu d'une défense dégarnie, trompa Ramon. Puis ce fut au tour de Marietti de se déchaîner. Évitant le tacle d'Osman, il dribbla Dany, crocheta Ramon et poussa la balle dans les buts.

À la mi-temps, grâce à ces deux exploits,

Aulny menait 2 à 1.

Mike secoua la tête d'un air dégoûté :

– Ces mecs sont des dangers publics !

– Vous leur laissez trop de champ, répliqua Laurent.

Dany haussa les épaules :

– Le marquage individuel est insuffisant. Il faut consolider la défense.

– En jouant plus haut, vous les priverez de ballon, s'obstina Laurent.

– Moi, je veux bien, grogna Osman, mais ils n'ont eu que deux occasions, et ils ont marqué deux fois… Si on ne les muselle pas, on en prendra d'autres !

Mario approuva avec énergie :

– Gio aurait renforcé le centre et la défense, et procédé par contre-attaque.

Laurent sourit :

– Gio avait sa tactique, moi j'ai la mienne. Faites ce que je dis, et tout ira bien.

À la reprise, Miraval se rua à l'attaque et sembla donner raison au jeune entraîneur. Une prouesse de Willy permit à Mike de marquer. 2 à 2.

– Attaquez ! Continuez ! cria Laurent.

Son enthousiasme se communiqua aux joueurs. Ils se portèrent dans le camp d'Aulny et, pendant un quart d'heure, bousculèrent leur adversaire. Les Aulnéens subissaient de plus en plus leur loi lorsque le ballon parvint, à la suite d'une maladresse, dans les pieds de Marietti. L'avant-centre entama une course de quarante mètres, semant Mike et Dany lancés à sa poursuite. Seul Osman restait en couverture. Marietti fonça sur lui, la balle collée au pied droit.

« Tu ne passeras pas ! » grinça le défenseur. Le buteur amorça un dribble chaloupé. Au même instant, Osman effectua un tacle féroce et lui ôta la balle. Dans ce mouvement, son pied heurta la jambe de son adversaire, qui plongea en avant. Osman se relevait quand le sifflet de l'arbitre interrompit l'action :

– Penalty !

Osman protesta : la faute était loin de la surface de réparation !

– Laisse tomber ! lui conseilla Ramon.

– Regarde-le jubiler, ce taré ! fulmina l'arrière en montrant Marietti, qui souriait en plaçant son ballon.

Au signal, l'avant-centre partit sans hésiter et logea le ballon dans les filets, sans laisser la moindre chance au gardien. 3 à 2.

– Trop nul ! grommela Ramon.

– Trop seul ! rectifia Osman, furieux.

L'arbitre s'approcha de lui et lui dit :

– Si j'avais appliqué le règlement, je t'aurais infligé un carton rouge. Alors, tiens-toi à carreau.

Osman haussa les épaules :

– Ne te prive pas !

– Ne me tente pas !

Peu après l'engagement, la balle parvint à Olivier. Sans se décourager, l'avant-centre traversa la défense avec Spi à sa droite et Mike à sa gauche. Il parvenait à une vingtaine de mètres des buts lorsque le libero adverse le faucha.

– Coup franc ! estima l'arbitre.

Jugeant la sanction scandaleusement indulgente, Osman traversa le terrain en courant pour exiger un penalty.

– Calme-toi ! ordonna l'arbitre.

– C'est la même faute ! hurla le défenseur.

– C'est moi, l'arbitre, je te signale !

– Arbitre, tu parles ! ricana Osman.

L'autre, exaspéré, brandit un carton jaune. Olivier ceintura Osman et l'éloigna :

– Qu'est-ce qui te prend ? Tu vas te faire sortir !

Fou de rage, Osman se débattait lorsque Laurent entra sur le terrain.

– Tout ça, c'est à cause de toi ! lança Osman à l'entraîneur.

Il quitta la pelouse, suivi par Laurent, qui perdit patience à son tour :

– Je t'avertis : tu reprends ta place ou tu n'es pas près de revenir dans l'équipe !

Sourd aux menaces, Osman se laissa tomber sur le banc de touche et serra l'épaule de Jean

Salvat, le défenseur remplaçant :

– Tu veux ma place ? Je te la donne, je n'en ai rien à foutre !

– Comme tu voudras ! dit Laurent.

Entre-temps, Olivier avait tiré le coup franc sous les huées du public. Le mur renvoya la balle. Dans le cafouillage qui s'ensuivit, Spi reçut un coup de pied et se mit à boiter. Dimitri le remplaça à huit minutes de la fin. Les joueurs semblaient tous épuisés. Arias et Marietti eux-mêmes avaient de la peine à franchir la ligne médiane.

La cause paraissait entendue quand Olivier s'envola à la limite du hors-jeu. L'arbitre de touche leva son drapeau, mais l'arbitre de terrain fit signe de continuer. L'avant-centre tira en pleine course. Le ballon frappa la transversale avant de rebondir devant le gardien, qui put s'en saisir.

Osman applaudit en regardant Laurent :

– Voilà comment il fallait jouer dès le début ! Un joueur en pointe, les autres en défense !

Peu après, l'arbitre siffla la fin de la rencontre. Miraval enregistrait sa deuxième défaite consécutive. Mornay, vainqueur de Trets, n'était plus qu'à deux points du leader. Ramon rejoignit Osman :

– Pourquoi t'as pété les plombs, mec ?

Le défenseur sourit :

– J'avais besoin de repos.

Les autres arrivaient. Ils n'avaient jamais vu

leur coéquipier athlétique dans un tel état. Spi s’exclama :

– Tout ça pour un arbitre ?

– Pour un entraîneur, murmura Osman.

– Tu crois que Gio aurait réglé tous nos problèmes ?

Osman secoua la tête :

– Tous, non. Un seul : il nous aurait menés à la victoire !

Gio admira le somptueux coupé de marque allemande garé devant l'Imprimerie Générale. Son intérêt se mua très vite en déplaisir lorsqu'il vit Pierre Delpech descendre du véhicule.

– Vous avez un instant à m'accorder ? demanda le président.

– On s'est tout dit, je crois ! lança Gio d'un ton froid.

– Pas vraiment.

Gio fit un geste tranchant de la main :

– Le lieu est mal choisi, et j'ai eu une dure journée. Remettons ça à plus tard.

Delpech se planta devant lui :

– Je comprends votre amertume et votre rancune, dit-il. Mais laissez-moi vous dire que monter les joueurs contre leur nouvel entraîneur n'est pas très *fair-play* !

Gio le toisa avec mépris :

– *Fair-play* ! Comme si vous saviez ce que ce mot signifie ! D'abord, je ne vois pas de quoi vous parlez.

– Les joueurs, du moins certains d'entre eux, se liguent contre Laurent. Une façon d'exiger votre retour. Cela crée un climat détestable, qui explique notre dernière défaite.

– Que voulez-vous que j'y fasse ? demanda Gio avec ironie.

– Cessez de semer la discorde !

Gio serra les poings :

– Ne jugez pas tous les hommes à votre image ! Depuis mon départ, je n'ai suivi mes joueurs que du haut d'une tribune. Certains sont venus m'aider à jardiner, mais à aucun moment il n'a été question de leur entraîneur.

Delpech prit un air sceptique :

– Quoi qu'il en soit, ces rivalités nuisent à l'esprit d'équipe. Elles sont responsables de la défaite de dimanche dernier.

– Ce n'est pas mon avis, dit Gio. Si Miraval a perdu contre Aulny, c'est à cause d'une grossière erreur tactique. J'étais là, et j'ai pu constater que les joueurs faisaient exactement le contraire de ce qu'ils auraient dû. J'ignore s'ils appliquaient des consignes. Toujours est-il qu'ils ont permis au trio Arias, Marietti, Carcassonne de s'en donner à cœur joie. Ce sont de bons joueurs, très vifs et adroits. Il ne fallait pas leur laisser un centimètre d'espace ! Or Miraval s'est rué à l'attaque en dégarnissant sa défense. Ce 3 à 2 est logique.

– On dirait que cette défaite vous réjouit !

– Ne dites pas de bêtises ! Que vous le vouliez ou non, cette équipe est toujours la mienne, et ses échecs m'affectent encore plus que vous. Je parlerai aux joueurs.

– À quel sujet ? fit le président, méfiant.

– Je leur expliquerai qu'ils doivent tirer un trait sur le passé et faire confiance à leur entraîneur actuel.

Delpech acquiesça, satisfait. Il se voyait déjà annoncer aux membres de son comité qu'il avait sermonné l'ancien entraîneur.

– De son côté, Darel doit prouver qu'il connaît son métier, enchaîna Gio.

– Laissons-lui le temps de faire ses preuves.

Le temps ! Avec les matchs difficiles qui attendaient Miraval, surtout contre Mornay, l'équipe leader ! Décidément, cet homme était aussi incompétent que celui qu'il avait nommé à sa place…

En rentrant chez lui, Gio tremblait de colère.

Pendant leur conversation, il avait résisté à l'envie de flanquer une paire de gifles à ce personnage riche et arrogant. Maintenant, il regrettait de ne pas l'avoir fait.

Il allait prendre une douche lorsque son téléphone se mit à sonner.

– Ne quittez pas : le président va vous parler, annonça une voix féminine.

Croyant avoir affaire à Pierre Delpech, il faillit raccrocher.

– Gio ? Ici Jean-Luc Vidal.

C'était bien un président, mais celui de Mornay. Un homme chaleureux, avec lequel Gio entretenait d'excellents rapports.

– J'ai appris que vous aviez démissionné de votre poste d'entraîneur.

– Les nouvelles vont vite !

– Vous devez deviner pourquoi je vous appelle, non ?

Gio se mit à rire :

– Pour m'offrir une place d'honneur dans votre tribune à l'occasion du match Miraval-Mornay, je suppose.

– Je pensais à un fauteuil plus confortable. Girard nous quitte.

– Pour entraîner un club italien, j'ai appris ça.

– La place est toute chaude. Elle vous attend. Vous êtes l'homme qu'il nous faut.

– Avec vos deux buteurs et votre stratège, le

petit Clément, qu'avez-vous besoin d'un vieux sanglier comme moi ? Les entraîneurs vont se bousculer à la grille du stade Sainte-Anne.

– Pour être franc, j'ai besoin de vous. J'aurais pu déployer une offensive de charme, vous inviter au restaurant. Mais le temps presse !

– C'est regrettable..., plaisanta Gio. Je parle du restaurant, bien sûr.

– Une autre fois. Comme je vous le disais, je dois prendre une décision dans les jours à venir. Je nourris de grandes ambitions pour Mornay : le championnat de France, la prochaine coupe d'Europe. Vous avez l'expérience de ces compétitions de haut niveau. À Mornay, vous aurez carte blanche. Vous n'avez pas envie de prouver à Delpech qu'on n'achète pas un entraîneur comme la Rolex qu'il arbore à son poignet ?

– Ce n'est pas ce que vous êtes en train de faire ? demanda Gio, amusé par la surexcitation de son interlocuteur.

– Fichtre non ! grogna Vidal. Nous avons, vous et moi, la passion du foot. Delpech, lui, a la passion du pouvoir. Ce n'est pas le même genre de sport ! Mes joueurs vous connaissent. Vous êtes une vraie légende ! Si je leur annonce votre arrivée, ce sera du délire, et nous serons champions.

– Je ne vois pas ce qui pourrait l'empêcher.

– Vous !

– Alors, c'est une tentative pour me neutraliser ?

Vidal se mit à rire et à tousser. Puis il reprit avec une voix cassée par l'abus du tabac :

– Peut-être que votre président a raison : vous avez perdu la main ! Je serais curieux de voir ça. Je vous téléphonerai dimanche soir.

– Lorsque Mornay aura pris la tête du championnat, n'est-ce pas ?

– Curieux, je n'y avais pas pensé ! ironisa Vidal.

– Tous les mêmes, ces présidents ! grommela Gio.

Après avoir raccroché, au lieu de se reposer, il mit sa tenue de jogging et courut vers le stade. La proposition de Vidal le tentait. Avec les onze joueurs dont il avait apprécié les qualités à plusieurs reprises depuis le début de la saison, il n'aurait aucun mal à décrocher le titre de champion et à rester en tête les années suivantes. Ces succès rabaisseraient la morgue de Delpech et le vengeraient du maire de Miraval, qui semblait avoir oublié son existence. Contrairement à eux, Jean-Luc Vidal était un personnage loyal et généreux, et un fin connaisseur en matière de foot.

Il arriva au stade à la nuit tombée. Sous la lumière des projecteurs, un groupe de joueurs s'animait. Gio reconnut Frank, Mike et Willy au milieu de garçons plus âgés. Salvator était dans les buts. Brahim Majira et Raphaël Zanchi, d'anciens champions, évoluaient avec les cadets. Ils venaient s'entraîner un soir sur deux pour rester en forme. L'ambiance était joyeuse.

Gio resta dans l'ombre et observa les joueurs. Il avait formé cadets et seniors, et avait conservé avec chacun des liens d'amitié.

« Entraîner Mornay, ce serait les trahir, pensa-t-il. Miraval est mon club, et je suis trop étroitement lié à son histoire pour devenir son adversaire ! »

Il rabattit sa capuche, remonta sa fermeture éclair et revint chez lui en courant, de sa longue foulée régulière

– Mollo, Terminator ! cria Ramon à Olivier.

L'avant-centre venait de fusiller le gardien à bout portant.

Les gamins de Mornay, groupés derrière les buts, applaudirent bruyamment.

– Il faut t'habituer, ricana le plus effronté d'entre eux. Tu vas en prendre un paquet, tout à l'heure !

Ramon fit semblant de shooter dans la direction des gosses, qui s'égaillèrent en riant.

Frank montra l'avant-centre adverse :

– C'est lui, Rick, le premier buteur du championnat.

Osman émit un reniflement dédaigneux :

– Tu oublies qu'Alban n'est pas là !

– L'autre, le grand, c'est Aubanel. Il a passé trois buts en vingt minutes à Saint-Antonin !

– Deux avant-centre ! Ils ne se refusent rien. Va falloir aller au charbon, les mecs, dit Willy en jonglant avec le ballon.

L'arbitre convoqua Rick et Mike, les deux capitaines, au centre du terrain. Les joueurs de Miraval étaient nerveux. À voir Laurent arpenter le bord du terrain, on devinait qu'il l'était encore davantage. Pour lui, une troisième défaite consécutive serait honteuse !

– Il t'a remis titulaire, c'est sympa, constata Rémy.

Osman haussa les épaules :

– Il n'avait pas le choix !

– Ce n'est pas le grand amour, vous deux.

– Pas vraiment !

Pourtant, le défenseur était à son poste. Deux jours auparavant, Gio lui avait conseillé de s'excuser et de reprendre sa place. « C'est l'avenir de l'équipe qui est en jeu », avait-il expliqué. « Quel avenir ? » avait failli répondre Osman. Les joueurs ne s'entendaient plus. Des clans se formaient. Aux entraînements, des bagarres éclataient pour des riens, et Laurent était incapable de maintenir la discipline.

Malgré tout, Osman avait promis.

– On le gagne, ce match !

Il n’y croyait pas, mais il était prêt à se battre.

Coup d’envoi !

Rick passa à Tramier, l’arrière gauche, qui glissa en retrait à son libero, Croizy. Olivier suivit à toute allure. Le libero le laissa approcher avant de se défausser sur l’arrière droit, qui monta le long de la touche.

« Personne pour le contrer ! » enragea Osman. Lui-même surveillait de près l’avant-centre. Passé la ligne médiane, l’arrière centra. Rick voulut reprendre de la tête. Plus puissant, Osman détourna vers Mike.

Au lieu de relancer, le milieu de terrain temporisa. Il dribbla son vis-à-vis, puis se fit bousculer irrégulièrement par un défenseur de Mornay.

– Coup franc ! signala l’arbitre.

« Bon début ! » apprécia Osman. Les Mornésiens jouaient au petit trot, pour jauger leurs adversaires.

Le coup franc atterrit dans les pieds de Willy, qui cafouilla et trébucha sous les quolibets du public. Croisy récupéra, glissa à Clément. Le cerveau de Mornay prolongea sur Aubanel. L’ailier droit, d’une passe de jambe, se défit de Rémy, et s’élança vers les buts, flanqué de Rick.

– Frank ! hurla Osman.

L’arrière fonça sur l’ailier. Se voyant en difficulté, Aubanel servit Rick, qui feinta, et passa à Jary, à l'aile gauche. Celui-ci talonna pour Clément. Le petit stratège relança Aubanel. Après une période d'observation, la meilleure attaque du championnat explosait soudain. Aubanel centra en hauteur. Rick bondit. Ramon, plus rapide, capta la balle et roula sur le sol. Osman respira.

Le gardien dégagea dans sa direction. Osman contrôla et passa à Mike, qui se fit contrer par Clément. Celui-ci alerta son avant-centre. Rick dribbla Rémy et shoota. Les deux mouvements avaient été simultanés. Le tir, d'une force inattendue, laissa Ramon pétrifié. 1 à 0.

Les spectateurs manifestèrent une joie frénétique.

« Superbe ! » reconnut Osman avec dépit. En quelques minutes, Mornay avait pris le contrôle du match. Miraval n'avait pas ébauché une seule attaque digne de ce nom.

« Alban nous manque, et Gio encore plus ! » pensa le défenseur. Face à ces cracks, il aurait redonné confiance aux joueurs, dont certains se querellaient déjà. Yves reprochait à Mike d'avoir donné le ballon à l'adversaire. Olivier accusait Spi d'être trop personnel…

Osman sourit avec dérision : « Si Gio assiste au match, il doit bien se marrer ! »

L'ex-entraîneur était bien là, au dernier rang

de la tribune, mais il n'avait pas envie de rire. « Marquez vos adversaires ! » rageait-il devant la défense flottante.

Dix minutes plus tard, Aubanel s'échappa, crocheta Ramon et marqua en douceur.

– Nullards ! grommela le gardien, dégoûté.

Les défenseurs baissaient la tête. Puis Miraval engagea et, pendant quelques minutes, l'attaque fit illusion. À deux reprises, le trio Olivier, Spi et Willy mit en danger le gardien de Mornay.

« Trop nerveux ! » soupira Gio au spectacle d'Olivier gâchant des balles par excès de précipitation. Pour finir, Willy commit une faute sur le libero, et les Mornésiens purent se dégager. Ils le firent en souplesse, comme un puissant moteur bien huilé.

En deuxième période, ils marquèrent deux fois, portant le score à 4 à 0. Miraval essuyait sa défaite la plus écrasante depuis bien des années, et perdait la tête du classement au profit de son rival.

Gio tenta de sortir du stade sans être reconnu. Non qu'il eût honte de la débâcle de ses cadets, mais il ne voulait pas avoir l'air de triompher devant son successeur, effondré.

Par malchance, il rencontra Jean-Luc Vidal au bas des escaliers. Le président était radieux :

– Gio ! Vous êtes venu assister au triomphe de votre équipe ?

Gio se renfrogna, pensant que Vidal faisait une allusion perfide à ses anciens joueurs. En réalité, il s'agissait de Mornay, et le président jubilait comme si Gio avait accepté sa proposition.

– Alain ! cria Vidal sans laisser à Gio le temps de trouver un prétexte pour s'éclipser.

Alain Girard, l'entraîneur des cadets victorieux, aperçut Gio et lui adressa un salut amical. Les deux hommes s'estimaient.

– La relève ! s'exclama-t-il.

Gio sourit :

– Au vu du match, c'est Miraval, et non Mornay, qui a besoin d'un entraîneur.

Girard jeta un regard vers Laurent et murmura :

– Dans quinze jours, les deux équipes risquent d'être privées de coach. J'ai signé à Parme, Jean-Luc a dû te le dire.

– Quelle idée !

– Ma femme est originaire de là-bas.

– C'est une raison.

– Tu veux que je te présente l'équipe ? proposa Alain Girard.

Gio haussa les épaules :

– Si tu ne parles pas de moi comme du futur entraîneur. J'ai réfléchi à votre proposition : c'est non !

– Pourquoi ? s'exclama Vidal, décontenancé.

– À cause du match d'aujourd'hui.

Le visage de Vidal s'assombrit :

– J'avoue que je ne comprends pas.

– Moi, si, dit Girard. Il ne s'agit pas pour Gio d'être déloyal envers le comité qui l'a exclu, mais envers ses joueurs. Ils ne méritaient pas la correction qu'ils ont reçue. Il y a, parmi eux, d'excellents éléments. Un sacré gaspillage !

Vidal leva les bras au ciel :

– L'un s'en va, l'autre refuse de venir. Vous commencez à me courir sérieusement avec vos scrupules à la noix ! Pourtant je vous aime quand même, c'est ça, le pire !

MIRAVAL
1:2

– Monsieur le maire va vous recevoir, dit la secrétaire d'un air suffisant qui semblait signifier que le rendez-vous que lui accordait Jérôme Delumeau était un grand privilège.

Gio avait connu le personnage avant son élection. C'était alors un architecte sympathique et modeste. Une fois élu, il était devenu autoritaire et prétentieux.

– Mon cher Giovanelli, comment allez-vous ? s'écria-t-il en accueillant l'ex-entraîneur avec une chaleur théâtrale.

Gio serra sa main tendue :

– Mieux que votre équipe.

Le maire éclata de rire :

– Mon équipe ! S'agit-il des cadets ou de mon conseil municipal ? Mais entrez ! Je pense que vous connaissez ces dames, Marion Arnaudy et Nelly Bernardin ?

Gio salua avec courtoisie les deux femmes du comité, gratifiant la première d'un sourire entendu en souvenir de leur conversation téléphonique.

Lorsqu'ils furent tous installés dans de confortables fauteuils de cuir, le maire prit un accent officiel pour annoncer :

– Cher ami, nous estimons que les services éminents que vous avez rendus à notre commune n'ont pas été récompensés à la hauteur de leur mérite.

– C'est vous qui avez pensé cela, rectifia Marion d'une voix douce.

– Certes, admit Delumeau, et je l'aurais fait plus tôt si les obligations de plus en plus lourdes de ma charge ne m'éloignaient parfois de mes administrés.

Gio fronça les sourcils, perplexe :

– De quels services parlez-vous ?

– Mais des belles victoires sportives dont vous avez été l'artisan tout au long de ces années. Pour vous témoigner notre reconnaissance, nous avons pensé qu'une indemnité et le titre de consultant seraient la moindre des choses.

nions et de ses actes. Il a voulu être seul maître de l'équipe comme du club. On voit le résultat !

Il se tourna vers le maire :

– Si ça peut vous rassurer, j'ai refusé d'entraîner Mornay. Mes joueurs n'auraient pas supporté d'être trahis deux fois !

À la sortie de la mairie, Marion Arnaudy rejoignit Gio et marcha à ses côtés tout en continuant à discuter :

– Vous avez été dur. En particulier avec cette jolie Nelly.

– Cette jolie Nelly a fait nommer un de ses copains à ma place ! gronda Gio.

Marion secoua la tête d'un air désapprobateur :

– Vous êtes toujours aussi intransigeant !

– J'essaie.

– Moi qui comptais sur cette rencontre pour vous réconcilier !

– En m'achetant ?

– L'idée de l'indemnité était une stupidité, convint Marion en riant. Mais vous auriez pu redevenir entraîneur.

– Avec un incapable pour assistant ?

– Pauvre Laurent ! Ou vous l'auriez dévoré tout cru, ou on l'aurait affecté ailleurs. Il suffisait d'un brin de diplomatie.

Gio s'arrêta brusquement et fit face à Marion :

– Entendons-nous : je n'ai rien à demander au maire ni à son ami Delpech. Ce sont eux qui ont besoin de moi, pas l'inverse !

Marion poussa un soupir résigné :

– Je l'espère pour vous…

Elle le regarda s'éloigner avec un mélange de regret et d'amusement, sans pouvoir s'empêcher d'admirer son allure. Quel tempérament !

Gio, lui, rentra chez lui déprimé. Son entêtement lui coûtait cher. Marion avait raison : il lui aurait peut-être suffi d'exiger qu'on lui rende son poste pour que le maire y consente. Les défaites de l'équipe commençaient à alerter l'opinion, et Delumeau détestait l'impopularité. À présent, il aurait beau jeu de prétendre que Gio avait refusé son offre.

Heureusement, Gio avait invité à dîner ses amis, Pierre et Marie, qui enseignaient au collège Mistral : Pierre le français, et Marie l'anglais.

– Tu ne trouves pas que Gio cuisine de mieux en mieux depuis qu'il ne perd plus son temps à entraîner ces maudits gamins ? plaisanta Pierre.

– J'ai seulement changé de traiteur, répliqua Gio.

– De club aussi, fit remarquer Pierre.

Marie lui lança un regard de reproche :

– Arrête, tu n'es pas drôle !

– Il paraît qu'il était trop dur avec ces chères têtes blondes, poursuivit Pierre. Pour ma part, j'estime qu'il ne l'était pas assez. Je préconise le fouet ; à défaut, le bâton !

Habituée au cynisme de son mari, Marie ne put s'empêcher de pouffer :

– Tu es vraiment horrible !

Gio sourit :

– Il dit ça, mais je suis certain qu'il est doux comme un agneau avec ses élèves.

Marie acquiesça :

– Il n'a aucune autorité.

– Tu peux parler ! grogna Pierre. Tu ne devineras jamais ce qu'elle a imaginé...

Il s'interrompit et siffla entre ses dents : Gio venait de déposer une tarte Tatin au centre de la table.

– Mon dessert préféré ! s'écria-t-il avec une gourmandise enfantine.

Pendant un moment, il savoura les fruits caramélisés avant de s'enquérir :

– Alors, quand est-ce que tu la reprends en main, cette équipe ?

Gio soupira :

– Changeons de sujet, tu veux bien ?

– Oui, parlons de balade, dit Marie. On va à la mer ?

Pierre leva les yeux au ciel :

– En cette saison ?

– C'est la meilleure période.

Marie, passionnée de photo, collectionnait les

paysages provençaux. L'été n'était pas idéal: la brume voilait la mer. Le vent d'hiver, au contraire, donnait au ciel et à la mer les couleurs violentes qu'elle affectionnait.

– Dimanche prochain ? proposa Pierre.

Gio fit la grimace :

– Dimanche, Miraval joue à Château-Rouge. Je préférerais samedi, si vous n'y voyez pas d'inconvénient.

– Pas de problème !

Pierre fit un clin d'œil à Marie : tant que Gio suivait fidèlement les déplacements de son équipe, rien n'était perdu.

MIRAVAL 1:3

Cela faisait maintenant trois mois que Gio avait quitté le club. Miraval accumulait les défaites et sombrait dans les profondeurs du classement. Malgré la tristesse et le découragement qui l'accablaient quelquefois, l'ex-entraîneur n'avait pas renoncé à la dure discipline physique qu'il s'imposait depuis des années.

Chaque matin, à l'aube, hiver comme été, il faisait une demi-heure de gymnastique, puis allait courir sur les hauteurs de Miraval. Après avoir garé sa voiture sur le parking du stade, il suivait le chemin que ses joueurs avaient baptisé « la piste des chèvres ». C'est là qu'il entraînait naguère son équipe. Son parcours, deux fois plus long que celui des cadets, le conduisait jusqu'au mont Caius, où s'élevait un relais hertzien.

Depuis cette éminence, il regardait la mer, au loin, et assistait à de magnifiques levers de soleil. Il s'asseyait sur un muret, toujours le même, buvait à sa gourde et, avec la venue du printemps, se chauffait au soleil.

Un jour qu'il s'était attardé plus longtemps que d'habitude et redescendait la piste, il vit monter vers lui un jeune garçon.

– Alban ! s'exclama-t-il.

Il faillit ajouter : « Et l'école ? » avant de se souvenir qu'on était samedi.

– Je m'entraîne, dit Alban, tout joyeux.

– C'est ce que je constate… Tu as repris le foot ?

– Pas encore. Le médecin veut bien, mais mes parents… Enfin, ma mère surtout !

Gio hocha la tête avec compréhension :

– L'équipe a grand besoin de toi, tu sais !

– Vous allez l'entraîner de nouveau ?

Gio cherchait une réponse amicale lorsque Alban s'écria :

– Au fait, je ne vous ai pas encore remercié pour votre cadeau. Ce ballon, c'est un objet de légende ! Vous êtes sûr que vous ne vouliez pas le garder ?

Gio sourit. Sa mère avait fini par le lui donner.

– Il est en de bonnes mains. Viens, tu vas

attraper du mal, ajouta-t-il. Si tu veux, on court ensemble.

– Comme au bon vieux temps ! s'exclama Alban.

– C'est ça, grand-père !

Ils reprirent la piste en riant. Arrivé en bas, Gio aperçut Éric Wastyn, qui attendait son fils.

– J'ai été content de te revoir, dit-il à Alban. Continue à t'entraîner. Bientôt, ton genou sera comme neuf.

Le jeune garçon avait vu son père, lui aussi. Il murmura avec précipitation :

– Je suis désolé de ce qui est arrivé. Tout est de ma faute !

Gio sourit, attendri :

– Tu voulais jouer à tout prix. C'était courageux de ta part. Tu as été excellent, du reste. N'y pense plus, OK ?

Cette rencontre releva le moral de Gio. D'autant plus qu'elle se reproduisit. Six jours plus tard débutèrent les vacances de Pâques. Comme chaque matin, Gio suivait la piste des chèvres lorsqu'il vit Alban courir à sa rencontre. Cette fois, il n'était pas seul. Ramon, Osman et Mike l'accompagnaient.

– Vous êtes toute une équipe, ma parole ! s'exclama l'entraîneur.

Osman baissa le front d'un air buté :

– On voudrait bien !

– Alors, comme ça, vous vous entraînez même le jeudi ?

– On avait envie de vous rencontrer, avoua Mike.

– C'est gentil !

– Et vous, pourquoi vous vous entraînez, si vous avez dit adieu au foot ? grommela Osman.

– Renoncer au foot ? Qui t'a raconté ça ?

– Ou bien alors vous allez entraîner ceux de Mornay !

Gio hocha la tête d'un air pénétré :

– Bonne idée ! Je n'y avais pas songé. Les Mornésiens ne sont pas meilleurs que vous, mais ils ne font pas la tête, eux !

Les garçons éclatèrent de rire, sauf Osman, dont la bouche se tordit de mépris :

– Pas meilleurs ? Vous auriez vu la raclée qu'ils nous ont mise !

– Oh, je l'ai vue ! dit Gio. Il faut reconnaître que vous avez fait tout ce qu'il fallait pour vous faire battre… Toi, Ramon, tu étais toujours mal placé. Et tes fantaisies ! Ta manie de t'avancer quand il fallait rester dans tes buts, et de rester planté quand tu aurais dû intercepter les centres… Toi, Mike, tu n'étais nulle part, ni à l'attaque ni en défense. Tu flottais au milieu du terrain. Si, par miracle, tu t'emparais de la balle, tu ne savais plus qu'en faire. Tu t'en débarrassais, de préférence en l'offrant à l'adversaire…

– C'est arrivé deux fois, protesta Mike.

– Quatre, précisa Gio, impitoyable.

– Et moi ? renifla Osman.

– Tu t'es battu avec courage, comme d'habitude. Seulement, au foot, le courage ne suffit pas. Les Mornésiens avaient en face d'eux onze joueurs, pas une équipe. Il n'y avait aucun lien entre vous, aucune cohésion, aucune entente, aucun soutien. J'admets que Mornay est une excellente équipe. Elle méritait sa victoire, et vous méritiez de perdre. Le pire, c'est qu'au lieu de vous cravacher cette défaite vous a anéantis. Perdre contre Château-Rouge, vous, les champions de France, il faut le faire !

Il les laissa ruminer ses critiques, assis en rond, silencieux, puis il évoqua le match qu'ils devaient disputer à Verrières le dimanche suivant. Évitant de parler de stratégie, domaine réservé à Laurent, il leur fournit de précieuses indications sur les points forts et les faiblesses de leur adversaire. Si l'attaque verriéroise n'était pas redoutable, en revanche la défense était solide, à l'exception du gardien, Thibaut, nerveux et indécis.

– Comment vous faites pour voir tous les matchs ? s'émerveilla Alban.

Gio éclata de rire :

– Tous les matchs, ce serait difficile, à moins d'avoir le don d'ubiquité !

– L'*ubi* quoi ? demanda Mike.

– L'ubiquité, la faculté de se trouver simultanément dans plusieurs endroits à la fois. Je n'en ai pas besoin. Il suffit d'assister à un match pour noter les particularités d'une équipe. C'est mon métier.

– C'était, rectifia Osman.

Gio lui flanqua une bourrade amicale :

– Ça l'est encore, et tu as intérêt à te tenir à carreau : je te surveille du haut des tribunes !

Il se dressa brusquement :

– Encore un petit kilomètre ?

– On joue après-demain, protesta Osman.

Gio le poussa du bout du pied :

– Allez, grande limace, bouge-toi !

Ils coururent ensemble pendant un quart d'heure avant de redescendre vers le stade. Là, Gio prit congé de ses anciens joueurs. Il gagnait le parking lorsqu'il vit Éric Wastyn lui faire de grands signes. Il s'arrêta et l'attendit avec réticence : il n'avait pas oublié leur dernière conversation.

– Monsieur Giovanelli, je voulais vous dire un mot.

Gio regarda le visage rond et les cheveux blonds, identiques à ceux d'Alban. L'homme était notaire. Il choisissait ses mots avec soin :

– Je regrette sincèrement ce qui s'est passé et le traitement qu'on vous a infligé. Dans l'affolement des premiers instants, mon épouse a réagi avec sévérité, et je n'ai pas été plus indulgent. Comment prévoir qu'ils allaient vous limoger ? Puis Alban nous a avoué la vérité. Ces quatre mois de repos forcé l'ont bien puni.

Il s'interrompit pour observer son fils. Sur la pelouse, un ballon avait surgi comme par miracle, et les quatre amis s'entraînaient joyeusement.

– Il est temps qu'il recommence à jouer, dit Éric Wastyn, rêveur.

Gio acquiesça :

– J'en serais ravi pour lui et pour ses coéquipiers. Alban était l'âme de l'équipe.

– S'il recommençait, j'aimerais que ce soit avec vous !

Gio eut un mince sourire :

– Nous savons que cette décision ne dépend ni de moi ni de vous.

Le regard de Wastyn se porta de nouveau sur la pelouse où s'ébattaient les joueurs.

– Cette équipe… ce sont des gamins. Vous en avez fait des champions. C'est important pour les jeunes de cette ville ! Il n'y a pas beaucoup de distractions ni d'occasions de rêver. Grâce à vous, nos supporters ont vécu une aventure fantastique. Miraval, pour eux, c'était un peu le Real ou la Juve. Ce rêve s'est brisé. Ils désertent le stade…

– Je crois que vous idéalisez Miraval, dit Gio en riant de bon cœur. Mais je suis content. Les joueurs ont besoin de soutien, ces temps-ci.

– Ce soutien ne peut venir que de vous !

– Je le fais à ma façon.

Wastyn opina et tendit la main :

– Je suis heureux d'avoir dissipé tout malentendu entre nous. Alban reviendra si vous revenez, ajouta-t-il d'un air catégorique.

MIRAVAL
1:4

– Double ! cria Gio.

Il bloqua le ballon et interrompit le match.

– Spi, tu as vraiment la tête dure. Tu ne dois pas garder la balle, mais la transmettre à Alban. C'est un simple relais en pleine course !

Il renvoya le ballon vers l'arrière :

– On recommence !

Il avait maintenant huit joueurs. Chaque jour, ils étaient plus nombreux, sous prétexte d'améliorer leur souffle en parcourant les collines. En réalité, ils venaient pour Gio. Au début, l'ancien entraîneur les abandonnait au bout de la piste des chèvres. Puis il les avait rejoints sur la pelouse, et bientôt il s'était mis à les entraîner. Il n'avait pas le droit d'être là, il le savait ; c'était plus fort que lui. « C'est l'affaire d'une semaine », se disait-il. Les vacances allaient bientôt se terminer. Ils retourneraient à l'école, et il reprendrait ses courses solitaires.

– Non, Ramon, tu n'as pas à dégager aux poings !

– Ils étaient deux sur moi ! plaida le gardien.

– Raison de plus pour bloquer le ballon. Tu avais largement le temps… Toi, Renaud, ton plongeon était acrobatique, mais hasardeux. C'est de la frime, rien de plus.

Il s'adressa aux attaquants :

– Revoyons la couverture de balle. Vous pouvez contenir de la main votre adversaire, non le repousser. Démonstration !

Il prit le ballon et, face à Mike et Osman, franchit le barrage défensif en se protégeant adroitement.

– Penalty ! cria Osman.

Il fit semblant de s'écrouler.

– Arrête de faire le singe ! ordonna Gio au milieu des rires. Pendant un match, cette comédie te vaudrait un carton.

– Je peux me joindre à vous ?

Gio se tourna et aperçut Laurent Darel. Les joueurs s'étaient immobilisés, observant avec curiosité la rencontre des deux rivaux.

– Je vous laisse la place, proposa Gio.

– Surtout pas, dit Laurent. Pour une fois que j'ai l'occasion d'apprendre mon métier !

Gio fronça les sourcils : ce blanc-bec se moquait-il de lui ? Le regard franc du jeune entraîneur le convainquit du contraire. Laurent était foncièrement gentil et généreux. Son grand défaut était de manquer d'autorité.

– Un petit match ? proposa Gio.

Laurent approuva avec enthousiasme :

– Un dans chaque camp !

Comme tous les joueurs voulaient faire équipe avec Gio, celui-ci décréta que les deux entraîneurs joueraient ensemble. En plus de Laurent, il choisit trois partenaires : Renaud dans les buts, Osman en défense et Willy à l'attaque. Face à eux, il réunit Ramon, Frank, Spi, Olivier et Alban.

Dès les premières minutes, Alban s'échappa et marqua.

– Belle action ! apprécia Gio.

– J'espère que tu vas reprendre ta place, dit Laurent.

L'avant-centre fit une grimace comique :

– C'est ma mère qui arbitre !

– Sa maman a peur que son poussin se fasse bobo, railla Osman, vexé d'avoir été ridiculisé par le dribble foudroyant d'Alban.

– Tu sais ce qu'elle te dit, ma mère ? aboya l'avant-centre.

Sans perdre de temps, Gio plaça le ballon et engagea. Laurent dribbla Olivier et Frank avant de centrer. Gio réussit une reprise de volée qui catapulta le ballon dans les buts.

– La classe ! s'écria Laurent.

– Le bol ! ronchonna Ramon.

– La chance fait aussi partie du jeu, dit Gio. Il faut savoir la saisir.

Après la remise en jeu, les deux entraîneurs combinèrent de belles attaques. À leurs rires, on constatait qu'ils prenaient plaisir à jouer ensemble.

– Ils se défendent bien, les vieux, fit remarquer Olivier.

– Ils vont s'effondrer au bout d'un quart d'heure, prédit Frank.

Peu après, Olivier marqua, puis Alban aggrava le score. 3 à 1.

– La voici, la combinaison idéale ! s'exclama Gio. Deux avant-centre.

– Ils s'entendent à merveille, admit Laurent.

– En l'absence d'Alban, Olivier a fait de réels progrès, poursuivit Gio. Je le trouvais trop lent. Maintenant il s'adapte au rythme, il anticipe les actions, ses passes sont précises. Reste Alban…

Ils jouèrent encore pendant une demi-heure, puis s'arrêtèrent. Les cadets se précipitèrent sous la douche. Gio et Laurent continuèrent à bavarder amicalement.

– Je quitte Miraval, annonça Laurent.

Gio l'interrompit en riant :

– Si ta décision est dictée par les mauvais résultats de ces derniers mois, tu as tort : j'ai connu ça, moi aussi, et plus souvent que tu ne l'imagines.

– Ce n'est pas ça. On m'offre un poste de prof de sports dans un collège privé, à Nice, ma ville natale. Toute ma famille y habite, et ma fiancée y travaille. Et puis, je ne suis pas fait pour être entraîneur. Après mon départ, tu reviendras, et tout rentrera dans l'ordre.

Gio ramassa un caillou et le fit rouler entre ses doigts.

– Ce n'est pas aussi simple, lui confia-t-il d'une voix empreinte de gravité. Entre Delpech et moi, c'est la guerre. Revenir ? Non. Il devra trouver un nouvel entraîneur. Ça risque de prendre du temps.

Laurent demeura un moment silencieux avant de reprendre :

– En débarquant ici, je n'avais aucune idée des luttes et des rivalités politiques qui se déroulent entre le club, les associations et la mairie. Je ne connaissais que Nelly. Nous avions été profs d'éducation physique dans le même lycée. Elle m'avait fait une description paradisiaque de Miraval. Je reconnais que la ville a beaucoup de charme. Mais les gens d'ici ne sont pas chaleureux, et, depuis que l'équipe s'effondre par ma faute, ils sont carrément hostiles.

– J'en ai fait, moi aussi, l'expérience, dit Gio. Au cours de toutes ces années, on a voulu ma peau à plusieurs reprises, et on a fini par l'avoir !

Les cadets revenaient, le teint coloré et les cheveux mouillés.

– Pas trop déçus d'avoir pris la piquette ? s'esclaffa Spi.

– Leur jeu est trop étriqué, expliqua Frank. De petites passes latérales, des feintes prévisibles…

Olivier prit un air compatissant :

– On jouait comme ça au siècle dernier !

– Étriqué ! Attendez un peu que je vous attrape ! gronda Gio.

Les railleurs se dispersèrent en riant.

– Tu ne peux pas les laisser tomber, dit Laurent. Ils t'aiment et t'admirent, regarde-les ! Si tu reviens, l'équipe renouera avec la victoire.

– En attendant, si tu pouvais remonter de quelques places au classement, ça me rendrait service, plaisanta Gio.

Ils se dirigèrent à leur tour vers les douches, chahutant comme deux gamins. « J'ai eu tort de refuser de faire équipe avec lui, songeait Gio. Il aurait fait un bon assistant. Marion a raison : je ne suis qu'une vieille mule ! »

MIRAVAL 1:5

C'était un déluge !

En examinant le terrain de Verrières inondé, l'arbitre décida de reporter la rencontre.

– Pas de chance ! maugréa Rémy. On allait les massacrer !

– Tu les extermineras aussi bien mercredi prochain, plaisanta Osman.

Rémy secoua la tête :

– Deux matchs en une semaine !

– Eux aussi.

– Oui, mais, après, Saint-Antonin aura sept jours pour récupérer. Nous, on n'en aura que trois !

– Tu crois qu'Alban va pouvoir jouer ?

– Tu rigoles ! Sa mère ne voudra jamais. J'ai entendu ce qu'elle a dit : « Fini, le foot ! » Elle veut que son fils fasse du tennis.

Osman s'étouffa :

– Le tennis, c'est un jeu de gonzesses !

– Un jeu noble, et beaucoup plus viril que tu ne crois, rectifia Ramon.

– C'est vrai qu'il taquine la raquette, notre gardien ! gloussa le défenseur. Tout s'explique !

Les deux joueurs se poursuivirent sous la pluie, sourds aux cris de Laurent, qui tentait de canaliser son équipe vers le car de Miraval. Quelques minutes plus tard, ils montèrent, trempés, dans le véhicule, et semèrent la pagaille en s'ébrouant sur leurs coéquipiers.

– Excellent, ce match ! rugit Willy.

– Pourquoi excellent ? demanda Frank.

L'ailier lui fit un clin d'œil :

– Parce que, pour une fois, on n'a pas perdu.

À Miraval, la pluie avait cessé. Le soleil brillait, et les trottoirs étaient déjà secs.

– Si on allait rendre visite à Gio ? proposa Ramon.

Spi secoua la tête :

– Il doit être à Verrières.

– On l'aurait vu ! Et puis, il est peut-être rentré…, hasarda Mike.

Ramon fit quelques pas avant de se retourner vers ses deux coéquipiers :

– On essaie ?

Ils se dirigèrent vers le quartier Saint-Paul, où habitait Gio. Au bord du Rhône, les jardins publics étaient envahis de promeneurs. Les trois cadets s'arrêtèrent quelques instants pour regarder une bande de gosses en train de jouer au foot sur l'herbe. Ils applaudirent le gardien de but, un garçon d'une dizaine d'années, qui plongeait sur la balle avec une audace folle. Au bout d'un moment, le gamin vint discuter avec eux. Il avait reconnu Ramon, et il avoua que son rêve était de lui succéder un jour dans les buts de Miraval.

– Je te garde la place, dit le goal.

Le gamin exécuta un saut périlleux en criant :

– Cool !

Ils poursuivirent leur trajet.

– Il est chez lui, je vous l'avais dit ! s'écria Ramon en reconnaissant la voiture de Gio, garée devant sa maison.

Ils pressaient le pas lorsqu'ils virent une jeune femme sonner à la porte de l'entraîneur.

– Poisse ! soupira Spi.

– Je la connais, chuchota Mike. C'est une fille du club… Nelly je ne sais plus comment.

Ramon siffla entre ses dents :

– Vachement mignonne ! Il ne s'embête pas, le champion !

Spi bâilla d'un air d'ennui :

– Qu'est-ce qu'on fait ? On revient plus tard ? Si on allait voir un film ?

– Le ciné, c'est chez Gio ! s'esclaffa Mike. Si on lui cassait son coup ?

Pendant que les trois amis plaisantaient, Gio, dissimulant la surprise que lui causait son apparition, invitait Nelly à s'asseoir dans sa véranda.

– Joli jardin, admira la visiteuse.

– Petit, dit Gio, laconique.

– Mais soigné… Ces fleurs rouges ?…

– Elles viennent de Chine. On les appelle « sang céleste ».

Tout en répondant le plus aimablement possible à Nelly, il pensait : « Elle ne s'est quand même pas déplacée pour me complimenter sur mes talents de jardinier ! » Il devinait la raison de sa visite : l'équipe avait besoin d'un nouvel entraîneur. Mais il n'avait aucune envie d'aborder la question avec elle. « Que Delpech vienne s'excuser, et nous verrons ! »

– Voulez-vous boire quelque chose ?

Avant que la jeune femme ait pu répondre, on sonna de nouveau à la porte. Sur le seuil, Gio trouva Ramon, Mike et Spi, et comprit à leurs sourires complices qu'ils avaient repéré Nelly.

– Entrez, dit-il, heureux de cette diversion.

Nelly, elle, ne semblait pas enchantée par cette visite.

– Vous n'êtes pas à Verrières ? s'étonna-t-elle.

– Le terrain est impraticable, répondit Ramon.

Gio confirma :

– La rencontre est reportée à mercredi.

– Vous étiez là ! jubila Mike.

Il s'adressa à Nelly d'un ton provocant :

– Il ne manque aucun match ! C'est un passionné, un vrai !

– Tu parles d'un spectacle ! grogna Gio.

– M. Giovanelli est un bon entraîneur ? demanda Nelly d'un air innocent.

Mike fit la grimace :

– Avec lui, c'était la galère !

– Le fouet ! soupira Ramon.

Nelly réprima un sourire :

– C'est pour ça que vous continuez à lui rendre visite, j'imagine.

– Il était sans pitié… pour nos adversaires, plaisanta Spi.

– Et comment ça se passe, sans lui ? insista Nelly.

Mike haussa les épaules :

– Je ne sais pas.

– Avant, on avait confiance, murmura Ramon.

– En lui ?

– En nous.

Nelly conclut :

– Alors, vous aimeriez, comme nous tous, que M. Giovanelli revienne, non ?

Le regard de Gio s'assombrit :

– C'est faux, et vous le savez !

– En tout cas, les joueurs sont d'accord ! s'écria Ramon avec chaleur.

Nelly sourit, narquoise :

– Vous voyez bien !

Elle s'adressa aux cadets :

– Laurent va quitter le club. Nous cherchons un remplaçant…

Gio pointa un doigt menaçant sur la jeune femme :

– Dites à votre président, qui vous envoie, que je tiens à sa disposition une liste de candidats.

Nelly secoua la tête avec obstination :

– *Primo*, Delpech ne sait pas que je suis ici. S'il m'avait demandé de venir, j'aurais refusé. *Secundo*, quelqu'un doit assurer l'intérim en attendant l'arrivée d'un nouvel entraîneur. Et ce quelqu'un ne peut être que vous.

Les trois joueurs avaient assisté avec curiosité à cette joute. Ils devinaient que leur avenir était en jeu et que Gio hésitait. Spi lui adressa un regard suppliant :

– Allez !

– Allez ! dit Nelly avec un sourire plein de malice.

Gio ne put s'empêcher de rire :

– Ne croyez pas m'avoir de cette manière-là ! Si j'accepte de reprendre mon poste, ce sera à mes conditions, et seulement jusqu'à la fin de la saison. C'est clair ?

– Très clair, dit Nelly.

Sous son air reconnaissant, il devinait qu'elle triomphait. Elle avait obtenu ce qu'elle voulait. Il avait toujours eu du mal à résister à une jolie femme. Cependant, la joie des joueurs le consola d'avoir cédé trop facilement.

– Pour commencer, on va pulvériser Verrières ! fanfaronna Spi.

– Le moral revient déjà, constata Nelly.

Gio afficha un air sceptique :

– Il faut aussi de la rigueur. Je veux vous voir tous aux entraînements. Or, actuellement, c'est loin d'être le cas. Alors, je vous préviens : ceux qui seront absents le mercredi après-midi seront exclus des matchs de championnat.

– Même moi ? plaisanta Nelly.

– Je ne vous ai jamais vue aux entraînements, encore moins aux matchs.

– C'est que vous n'avez pas bien regardé.

– Vous êtes de ces femmes qu'on remarque !

– Dois-je prendre cela comme un compliment ?

Ramon dispensa Gio de répondre en annonçant :

– Bon, nous, on se tire !

– Moi aussi, je me tire ! dit Nelly en riant.

Gio les raccompagna jusqu'à la porte.

– Rappelez-vous, murmura-t-il à Nelly, c'est provisoire.

Elle acquiesça, amusée. Elle n'en croyait pas un mot.

MIRAVAL
1:6

Après trois jours de plein soleil, la pelouse de Verrières avait séché tout en conservant la souplesse qu'Olivier affectionnait.

– Beau temps pour la victoire ! pavoisa-t-il.

Spi acquiesça sans enthousiasme. Il parcourut des yeux la tribune et les barrières blanches délimitant le terrain.

– Tu as vu Gio ? demanda-t-il.

L'avant-centre secoua la tête :

– Pas depuis hier.

Dans la soirée, ils s'étaient réunis pour un briefing, au cours duquel Gio leur avait donné de nouvelles indications sur leurs adversaires.

– Tu crois qu'il va venir ?

Olivier haussa les épaules :

– Qu'est-ce que ça change ? Il ne sera pas sur le terrain !

« Si, justement, pensa Spi. À la mi-temps, il est toujours là. Il observe le jeu, et il dit à chacun ce qu'il doit faire. On a besoin de lui. »

– Il n'est que deux heures vingt. Le match est à trois heures. Il a le temps d'arriver, déclara Willy.

– Pourquoi il vient en voiture, et pas en car avec nous ?

– L'entraîneur, c'est toujours Laurent ! grogna Olivier.

– Plus pour longtemps, cria Spi en courant pour récupérer un ballon qui allait sortir en touche.

Il effectua un retourné acrobatique et se mit à jongler, tantôt avec le pied tantôt avec la tête. Sur la touche, des gamins applaudirent. L'ailier salua et se fit rabrouer par Olivier :

– Arrête ton numéro, frimeur !

– Visez un peu qui s'amène ! s'exclama Willy, le doigt pointé sur l'entrée du stade.

Spi éclata de rire :

– C'est Gio et... Alban. Je rêve !

– Il vient regarder ou jouer ? grommela Olivier, qui se voyait déjà relégué parmi les remplaçants.

– Sacré but ! reprit Yves, qui en oubliait sa déception.

Les attaquants se bousculaient amicalement en regagnant leur camp. « On se concentre ! » les sermonna Gio.

Ses joueurs se déchaînaient. Le ballon, récupéré dès l'engagement, circulait de Rémy à Willy, et de Willy à Olivier. Ce dernier talonna pour Alban, qui glissa à Spi. « Ils reprennent goût au jeu », constata Gio avec satisfaction. On aurait dit que son retour les avait soudain libérés.

– À Olivier, passe à Olivier ! murmura-t-il malgré lui.

À droite, Spi dribblait à n'en plus finir, sans prêter attention à son avant-centre en bonne position, lorsque, soudain, il pivota et servit Olivier comme s'il avait enfin perçu l'injonction de l'entraîneur. L'avant-centre contrôla et shoota. Le gardien para, mais le tir était si tendu que le ballon lui échappa et franchit la ligne de quelques centimètres.

L'arbitre indiqua le rond central. 2 à 0.

Les mains des deux avant-centre claquèrent.

– À moi, le prochain, dit Alban.

– À moi ! On parie ?

Ils coururent se replacer, aussi impatients que s'ils étaient menés au score.

Laurent chuchota à l'oreille de Gio :

– Bonne idée, les deux buteurs en pointe !

Il se tut : Verrières lançait sa première offensive. Après s'être défait de Rémy, l'ailier droit, Léotard, fonça vers les buts de Miraval. Il armait son tir quand, pris en tenailles entre Frank et Osman, il se laissa tomber.

– Coup franc ! estima l'arbitre.

Les joueurs, disciplinés, reculèrent à distance réglementaire pour former le mur.

– Attention à droite ! lança Gio.

Léotard avait remarqué la faille. Sa balle à effet contourna le mur et prit la direction des filets. Ramon plongea. Sa main effleura le ballon, qui fut renvoyé par le montant. Devançant l'avant-centre de Verrières, Dany dégagea en touche.

Sur la remise en jeu, Mario sauta plus haut que son vis-à-vis et dévia de la tête pour Rémy, qui servit Alban. La machine de Miraval se remit en marche, bousculant ses adversaires. À la mi-temps, les visiteurs menaient 3 à 0.

– Que pourrais-je faire de plus ? plaisanta Gio… Un peu d'arithmétique, peut-être : huit tirs cadrés et trois buts. Belle addition ! Qu'est-ce que tu en penses ?

Laurent fit la moue :

– Après trois mois de repos, ça n'a rien d'extraordinaire.

Comme les joueurs le huaient, il ajouta :

– C'est un beau cadeau d'adieu que vous me faites.

– On va te regretter, dit Rémy.

– Menteur !

– C'est vrai ! s'exclama Frank. Tu es vachement cool comme mec. À côté de Gio…

Gio n'entendit pas le persiflage du défenseur. Il tâtait la jambe d'Alban :

– Ton genou ?

– Du béton !

L'entraîneur sourit et s'adressa aux remplaçants :

– Yves, Dimitri, vous allez entrer à la place de Mario et Willy. Même tactique qu'en première mi-temps.

– Tu vois, il ne faut pas désespérer ! jubila Yves.

Les joueurs, longtemps divisés, se réconciliaient en respirant une odeur de victoire. Ils étaient sûrs de gagner. En deuxième période, ils continuèrent à faire la loi sur le terrain, et Alban inscrivit deux nouveaux buts.

Quand l'arbitre siffla la fin du match, le tableau d'affichage indiquait 5 à 0. Les vainqueurs levèrent les bras vers le public, qui applaudissait sportivement leur exploit. Au premier rang, une femme criait et agitait un drapeau bleu : c'était Nathalie Wastyn.

– Drôle de majorette ! gloussa Osman.

– Elle qui s'endort devant le foot, à la télé ! s'exclama Alban, sidéré.

Une autre spectatrice, aussi enthousiaste, se précipita sur Gio :

– Alors, vous l’avez gagné, votre pari !

Il dévisagea Nelly, l’air renfrogné :

– Quel pari ?

– Celui de pulvériser Verrières. Ne faites pas le modeste.

– Il suffit d’un rouage neuf, parfois, pour transformer une équipe démoralisée en formation invincible. Aujourd’hui, ce rouage, c’était Alban.

Elle fit la moue :

– Et le retour de l’entraîneur…

– N’essayez pas de m’amadouer !

Elle sourit avec une candeur désarmante :

– Cette pensée ne m’a même pas effleurée.

Puis elle lui tourna le dos pour applaudir les joueurs, qui gagnaient les vestiaires. « Jolie fille ! » pensa Gio en admirant malgré lui la belle silhouette de la jeune championne, vêtue d’un short et d’un tricot moulants aux couleurs de son club.

MIRAVAL 1:7

– Satisfait ?

Gio dévisagea Pierre Delpech de l'air glacial qui déconcertait souvent ses interlocuteurs :

– De mes joueurs, très satisfait.

– Et de rester seul maître de l'équipe.

– L'essentiel n'est pas là ! Les joueurs ont repris confiance, c'est ce qui les rend irrésistibles. Cette assurance persistera après mon départ si mon successeur fait l'effort de les comprendre. Il faut arriver à les former sans les déformer, les laisser libres de s'exprimer dans le cadre strict et dynamique de leur équipe. Une équipe n'est pas une simple addition de onze talents, mais une multiplication. Vous savez cela par cœur, puisque vous avez joué, vous aussi, au football.

Delpech ignora l'ironie de cette dernière phrase pour en venir à l'objet de sa visite :

– Nelly m'a dit que vous aviez consenti à reprendre votre poste contraint et forcé, et pour trois mois seulement. Étant donné votre carrière, je vous comprends. J'ai là trois entraîneurs susceptibles de vous remplacer à la fin de la saison. J'aimerais avoir votre avis à leur sujet.

Il lui tendit un papier. Gio lut : Pierre Maréchal, Ludovic Cardaillac et Frédéric Van Haguen.

– Je ne connais pas le premier, dit-il. Le deuxième n'entend rien au foot. Le troisième, bien sûr ! Fred a entraîné avec succès de grandes équipes. S'il consent à venir s'enterrer dans ce bled, n'hésitez pas. Mais ça m'étonnerait.

– Vous êtes bien venu, vous !

– C'était différent : mon épouse était malade. Elle rêvait de vivre en Provence, dans un lieu paisible. Miraval était idéal.

– Vous y êtes resté.

– Voyez où ça m'a conduit !

– Donc, votre candidat, c'est Frédéric Van Haguen ?

– Sans l'ombre d'un doute.

– Je souhaite qu'il poursuive votre travail...

En l'espace de deux semaines, l'équipe est devenue méconnaissable : 5 à 0 contre Verrières. 3 à 0 contre Saint-Antonin !

L'entraîneur prit un air narquois :

– Si j'ai bon souvenir, vous n'étiez présent à aucune de ces rencontres ?

Le président poussa un grand soupir :

– En ce moment, mes occupations me dévorent nuit et jour, même le week-end.

Gio fut tenté de lui faire remarquer que c'était ainsi depuis le début de la saison. Il se contenta de lui demander :

– Voulez-vous les voir jouer ?

– Maintenant ?

– L'entraînement va commencer, comme tous les mercredis.

– Volontiers, se vit obligé de répondre Delpech. Je ne pourrai pas rester très longtemps, mais le spectacle mérite bien que j'annule un rendez-vous !

Au stade, les joueurs étaient tous là. Gio avait vingt minutes de retard. Il fut accueilli par des lazzis.

– Finie, la sieste ! hennit Willy.

– Pas de match pour les absents du mercredi !

– Giovanelli remplaçant !

Ils se turent en voyant apparaître le président du club.

– Pourquoi il est là, ce toquard? grommela Osman.

Gio, qui avait entendu, se hâta d'expliquer :

– M. Delpech est venu assister au match de sixte. Alors, dix minutes d'échauffement, et on commence !

– Pas de cross ? s'étonna Osman.

– Pourquoi ? Tu regrettes ?

– Pas moi, non, mais les copains… La piste des chèvres, c'est pour eux !

– Chèvre toi-même ! cria Alban.

– Pas besoin d'échauffement, dit Ramon. On joue depuis une demi-heure.

– Alors, en piste ! décida Gio. Côté sud : Ramon, Frank, Dany, Mike, Willy et Olivier. Côté nord : Renaud, Osman, Mario, Rémy, Spi et Alban.

– On me sépare de mon petit élève ? se désola Olivier.

L'entraîneur fronça les sourcils :

– Quel élève ?

– Alban.

Au milieu des rires, Alban cria :

– J'ai quatre buts de plus que toi, je te signale !

– Dimanche, on sera à égalité !

– Ou bien alors j'aurai six buts d'avance !

Agacé par ces préliminaires, Delpech consultait sa montre. Dès que le match débuta, il fut tellement captivé par les exploits des joueurs qu'il en oublia ses rendez-vous. Les arrêts des deux gardiens, la sûreté d'Osman, les dribbles fulgurants de Spi et les tirs des deux avant-centre l'étonnaient, dépassant parfois ce qu'il avait connu chez les seniors amateurs. La virtuosité des attaquants le fascinait particulièrement.

Son mobile vibra. Il répondit d'un ton bref et l'éteignit pour ne pas perdre une minute du spectacle.

Après le match, il attendit la fin de l'entraînement pour discuter avec les joueurs. Puis il attira Gio à part :

– Il y a plusieurs éléments de valeur dans cette équipe. Quant à ce jeune Alban, il sort vraiment du lot. Il a l'étoffe d'un pro, vous ne trouvez pas ?

Gio acquiesça avec prudence :

– Il est bourré de qualités, c'est vrai. Cela dit, la formation d'un footballeur de haut niveau exige de grands sacrifices, non seulement de la part du joueur, mais aussi de ses parents. Je ne crois pas que cette carrière soit le rêve des Wastyn.

– On pourrait en discuter avec eux, non ?

Gio dévisagea le président avec irritation. Si l'enthousiasme qu'il avait manifesté durant le match le lui avait rendu sympathique, sa manie de tout ramener à l'ambition et à l'argent l'exaspérait au plus haut point.

– Faites ce qui vous plaira, dit-il. Toutefois, un

conseil : allez-y en douceur. Il y a trois semaines, la mère d'Alban ne voulait pas entendre parler de football. Là, elle est en admiration devant son fils. Cependant elle n'est pas prête à le confier à un centre de formation. À ses yeux, il est encore un enfant.

Delpech balaya l'argument d'un geste péremptoire :

– Il a quatorze ans, c'est l'âge idéal. Jean Carlos Chera, le jeune Brésilien, a dix ans, et c'est déjà un génie du ballon rond. J'ai enregistré sa démo sur le Net. C'est réellement prodigieux : il sait tout faire. Je pourrais peut-être la montrer aux Wastyn. Manchester et l'Inter ont offert des fortunes à ses parents pour le recruter.

– Je vais vous dire ce que je pense de ces méthodes, gronda Gio. C'est du cirque ! Pour moi, le foot n'a rien à voir avec ces calculs malsains. On donne aux jeunes un mauvais exemple en leur faisant miroiter des sommes de transfert mirobolantes. Ils s'imaginent que la gloire et la fortune sont à portée de main, à l'exemple de ces élèves de Star Academy qui, au bout de quelques leçons, se voient en haut de l'affiche. Libre aux grands clubs européens de se disputer les stars à coups de millions, pourvu que les joueurs gardent le plaisir de jouer. C'est ce que j'enseigne ici. Si Alban veut poursuivre sa formation, bravo ! Mais ne tuons pas son plaisir et sa spontanéité. Sa seule équipe, jusqu'à la fin de la saison, c'est Miraval.

– Une fameuse équipe ! s'exclama Spi en se mêlant à la conversation.

– Classée cinquième ! lui rappela Gio.

– Mathématiquement, on peut encore finir premiers.

– Dans tes rêves ! ricana Mike. Mornay a neuf points d'avance sur le deuxième. Même s'il perdait tous ses matchs…

– Et si on gagnait tous les nôtres…

– On serait premiers ! triompha Spi.

– Et Carpentiez ? Et Vareilles ? Ils ont six points de plus que nous. Si Mornay perd, sa défaite profitera à l'un des deux. Miraval ne sera pas champion…

– C'est fini, ces comptes d'apothicaire ? intervint l'entraîneur. Je me fiche du résultat. Tout ce que je veux, c'est avoir la meilleure équipe.

– Vous l'avez, l'assura Spi.

Gio lui fit signe de tempérer son enthousiasme :

– On verra ça dans quinze jours, contre Mornay !

– Dur, dur, plaisanta Mike. Ils ont un entraîneur génial !

Osman secoua la tête :

– Ils n'en ont plus.

– C'est bien pour ça ! dit Mike, hilare.

Pierre Delpech riait, lui aussi. « Ce ne serait pas un mauvais bougre si l'ambition ne le rendait pas aussi détestable », songea Gio.

– Je viendrai à Mornay, promit le président.

– OK ! Mais sans costard ni cravate. Au stade, c'est la honte ! dit Ramon avec insolence.

Delpech regarda les joueurs sans se formaliser :

– Un maillot bleu, ça irait ?

– Chiche ! rigola Mike.

Carpentiez venait de marquer. Un but spectaculaire, sans conteste le plus beau du match. Son quart d'heure de forcing avait payé. Miraval ne menait plus que 2 à 1.

– Sept minutes ! Il faut tenir, lança Olivier.

Rémy, rouge et suant, secoua la tête comme un chien mouillé qui s'ébroue :

– Je suis cassé !

– Tu ne lâches pas, vu ? On n'a plus de remplaçant, insista Olivier.

Il regarda Gaël et Dimitri, qui jouaient aux ailes, à la place de Spi et de Willy. « Chiens fous ! » maugréa-t-il. Les deux jeunes joueurs couraient beaucoup, mais leur jeu brouillon contrariait souvent l'action des avant-centre.

En première mi-temps, Miraval avait affirmé sa supériorité. Puis Carpentiez s'était mis à dominer. Lou, l'ailier gauche, continuait ses dribbles ravageurs. Face à lui, Frank s'essoufflait, Yves boitait, et Osman devenait brutal.

Sur la touche, Gio crispait les poings : « Conservez la balle, ne vous énervez pas... En retrait, pour le gardien, c'est ça ! »

Il frémit. Sur une relance hasardeuse de Ramon, l'avant-centre de Carpentiez venait d'intercepter et de shooter. Le tir, tendu, frôla le montant. S'il avait été cadré, Ramon aurait été battu. « Mal placé ! C'est une vraie manie ! » enragea l'entraîneur.

Une victoire était capitale si l'équipe voulait terminer dans les trois premiers du championnat et sauver la saison.

Au centre, une belle combinaison entre Dany, Mario et Rémy calma le jeu. « Continuez, gagnez du temps ! » murmura Gio avec soulagement. Dix ans auparavant, il arrivait à rester impassible. À présent, il devenait de plus en plus fébrile. Il aurait aimé être sur le terrain et se battre aux côtés de ses joueurs.

– Fonce !

Il avait crié. Alban, en possession du ballon, montait tranquillement au milieu d'une défense dégarnie.

– Fonce, bon sang ! répéta-t-il.

Les autres revenaient en vitesse. Au lieu d'accélérer, Alban prenait son temps. D'une feinte de corps, il se débarrassa d'un adversaire, obliqua à droite.

« Trop tard ! »

Le libero de Carpentiez bouscula l'avant-centre. Alban trébucha, récupéra la balle par miracle, évita un tacle. Ses adversaires s'énervaient, s'acharnaient sur le porteur du ballon. Olivier était derrière, à quelques mètres.

– En retrait ! Passe en retrait !

D'un crochet foudroyant, Alban effaça le stoppeur. D'un autre, il se débarrassa de l'arrière gauche. À chacun de ses exploits, le public criait « olé ! », comme à la corrida.

Alban poursuivait son numéro et résistait à la hargne des Carpentiérains, qui voyaient le temps s'écouler, et disparaître leur chance d'égaliser.

Un nouveau tacle fit croire aux spectateurs que le petit avant-centre avait été dépossédé du ballon, qui roulait vers le gardien. Alban, en déséquilibre, l'enleva d'un coup de patte, feinta, passa le goal, entra dans les buts balle au pied et se suspendit aux filets.

Les supporters, enthousiastes, se levèrent et scandèrent son nom :

– Alban ! Alban !

Ses coéquipiers vinrent le chercher pour le

hisser sur leurs épaules. Deux minutes à jouer en comptant les arrêts de jeu. La victoire était acquise. La troisième en quinze jours ! Carpentiez, découragé, s'effondra. Miraval continua à attaquer jusqu'à la dernière seconde.

Le sifflet de l'arbitre ne tarda pas à retentir, délivrant les deux équipes. Les vainqueurs levèrent les bras devant le public en liesse.

– Beau combat !

Nelly, souriante, brandissait le poing.

– Vous ? Encore ! Ma parole, vous devenez une vraie fanatique ! s'écria Gio.

– J'ai même amené une nouvelle admiratrice, ma jeune sœur, Angéla.

L'entraîneur sourit à la jeune fille, qui trépignait à côté de Nelly. Il lui donnait quatorze ou quinze ans. Elle était d'un blond tirant sur le roux, comme sa sœur, avec une peau très claire, un petit nez semé de taches de rousseur, de grands yeux verts et des traits délicats. Plus belle encore que Nelly.

– Votre champion, il est génial ! s'exclama Angéla en montrant les joueurs, qu'un photographe tentait en vain de réunir au centre du terrain.

– Le grand brun ? dit Gio, taquin.

– Mais non, le blond !

Voyant que l'entraîneur se moquait d'elle, elle haussa les épaules d'un air dédaigneux.

– Tu as entendu, Alban ? Il paraît que tu as du génie ! cria Gio.

L'avant-centre se retourna, souriant. Aussitôt, Angéla s'approcha de lui et lui répéta sans la moindre gêne les propos qu'elle avait tenus à l'entraîneur.

– Je m'appelle Angéla, dit-elle en lui faisant la bise. Ton dernier but était génial ! Tous ces joueurs que tu as dribblés ! Et puis le gardien. On aurait dit… Comment s'appelle déjà ce Brésilien ?

– Ronaldinho, dit Gio

– C'est ça, Ronaldinho !

Alban rougit et jeta un coup d'œil derrière lui :

– Il faut que j'y aille… La photo !

Ses coéquipiers regardaient avec curiosité la très jolie fille qui dévorait le buteur des yeux.

– Elle est canon, ta copine ! Qui c'est ? demanda Osman.

– Une fille.

– Ça, je l'avais remarqué, ricana le défenseur. D'où tu la sors ?

– Elle s'appelle Angéla.

C'est tout ce qu'il savait d'elle, alors qu'elle ne demandait pas mieux que de faire sa connaissance. « Dommage ! » soupira-t-il en la voyant s'éloigner à côté de Nelly.

– Fixez l'objectif ! ordonna le photographe.

Les joueurs resserrèrent leurs rangs, huit

debout, les huit autres genou en terre. Au centre, Alban tenait le ballon. En examinant la photo, on remarqua qu'il était le seul à ne pas regarder l'appareil. Son regard suivait au loin les longs cheveux d'Angéla.

Comme les garçons s'échappaient vers les vestiaires, ils rencontrèrent un personnage athlétique, vêtu du maillot bleu de Miraval. Ils reconnurent avec stupéfaction Pierre Delpech, et ils l'applaudirent.

– Pas à dire, ça vous va vachement mieux que le costard ! s'écria Osman.

– Merci.

Examinant les jambes musclées et bronzées du président, Frank murmura à l'oreille de Spi :

– Je te parie que c'est du fond de teint.

Delpech, qui avait entendu, réprima un sourire :

– Je trouve vos gamins bien insolents !

– C'est l'influence de leur entraîneur, répliqua Gio.

MIRAVAL 1:9

– Pour toi… Une amie !

Alban prit le téléphone que lui tendait sa mère.

– Quelle amie ?

Nathalie fit un signe d'ignorance, mais elle s'attarda par curiosité au seuil de la pièce.

– Allô ? C'est Angéla. Tu te souviens de moi ?

– Oui.

Il avait pris un ton désinvolte pour masquer la confusion où le jetait la hardiesse de cette fille trop belle. S'il se souvenait d'elle ? Et comment ! Il revoyait les grands yeux verts, fixés sur lui avec ce qui ressemblait bigrement à de l'admiration.

– Je t'ai vu jouer. Tu ne veux pas me voir jouer à ton tour ?

– Au foot ?

Il entendit son rire léger :

– Je n'ai jamais essayé. Mais tu pourras toujours m'apprendre. En attendant, je joue au tennis, à trois heures, au Grand Parc. Tu peux venir ?

– Avec plaisir.

– Super !

Elle raccrocha aussitôt. Alban était ravi de sa formule : « Avec plaisir ! » Remarquant soudain la présence de sa mère, il lui adressa une grimace désolée :

– J'ai rendez-vous.

– Avec qui ?

– Une fille que j'ai rencontrée au stade.

– Une admiratrice !

L'ironie le laissa froid. Nathalie ignorait à quel point elle disait vrai.

– Tu sais que nous n'avons que le samedi après-midi pour faire des courses, lui rappela-t-elle d'un ton de reproche.

– Mon jean peut attendre une semaine, non ?

– Comme tu voudras…

Il regarda sa montre : deux heures et quart ! Il avait juste le temps d'aller au Grand Parc à vélo. Il perdit de précieux instants pour décider de sa tenue : short ? Jeans troués ? Finalement, il opta pour son survêtement bleu, la couleur des champions.

Sur le court, Angela s'échauffait déjà. Elle devait guetter son arrivée, car, dès qu'il s'approcha du grillage, elle lui adressa un petit geste de bienvenue avec sa raquette. Un bandeau blanc retenait ses longs cheveux. Son short et sa chemise de coton laissaient entrevoir un corps mince aux proportions harmonieuses.

Son adversaire était plus grande, plus musclée et sans doute plus âgée qu'elle. Quand la partie débuta, Alban se dit : « Angéla est vraiment très belle, mais elle ne fait pas le poids. L'autre va la massacrer ! »

La fille frappait fort, surtout au service. Angéla se battait sur toutes les balles. Adroite et rapide, elle arrivait à reprendre les smashes meurtriers de son adversaire.

Assise sur une chaise de fer haut perchée, une femme arbitrait. Durant les premiers jeux, la joueuse robuste, qui se nommait Louise, prit l'avantage. Puis, petit à petit, Angéla fit jeu égal avec elle et revint au score. Ses lobs répétés empêchaient Louise de monter au filet, tandis qu'elle montait elle-même et faisait courir son adversaire en fond de court. À ce rythme, Louise se fatigua. Ses coups s'émoussèrent. Angéla remporta de justesse le premier set et prit nettement le dessus dans le deuxième. Elle se démenait avec une énergie farouche sans cesser d'être gracieuse. Alban, sous le charme, ne pouvait s'empêcher d'applaudir.

Bientôt, l'arbitre annonça sa victoire : 7-5, 6-3. Angéla ôta son bandeau, attrapa sa serviette pour s'essuyer le visage et le corps, trempés de sueur. Puis elle vint rejoindre Alban :

– Ça t'a plu ?

– Tu as été magnifique ! dit-il avec sincérité.

À cet instant, Louise s'approcha d'Angéla. L'effort marquait son visage, très rouge. Elle dévisagea Alban avec dépit, tout en s'adressant à son adversaire :

– Je me demandais pourquoi tu te battais avec une telle rage. Je comprends, maintenant !

Angéla haussa les épaules ; puis elle sourit à Alban :

– Tu m'attends ? Le temps de prendre une douche. Dix minutes !

– Pas de problème, fit-il, en s'asseyant sur la pelouse.

Il la regarda courir vers le club, sa raquette et sa serviette sous le bras, si belle ! Il avait du mal à croire à sa chance. Il était mignon, pourtant, mais tellement timide avec les filles qu'elles lui préféraient généralement des garçons plus audacieux. Avec Angéla, il n'avait pas ce problème : elle prenait toutes les initiatives, sans la moindre hésitation, alors qu'ils se connaissaient à peine.

Quand elle revint, un quart d'heure plus tard, elle laissa tomber son sac et s'étendit à côté de lui, sur la pelouse, son visage offert au soleil.

– Tu habites Miraval ? demanda-t-il.

Elle secoua ses longs cheveux :

– Saint-Vincent.

C'était un hameau situé à huit kilomètres, sur la route de la mer. Alban hocha la tête :

– C'est pour ça qu'on ne s'est jamais rencontrés !

Elle lui jeta un regard malicieux :

– Moi, je vous ai rencontré, monsieur. Plusieurs fois, même.

Il la regarda, incrédule :

– Où ça ?

Une fille aussi ravissante, il l'aurait forcément remarquée !

– Chez Auchan, à la piscine, au marché paysan…

– Tu te moques de moi ?

Elle fronça son petit nez :

– Pas du tout, champion. Mais tu étais trop fier pour m'accorder un regard.

– Ce ne sont pas les admirateurs qui doivent te manquer !

– C'est vrai.

Elle dit cela sans arrogance, avec une simplicité qui l'amusa.

– Tu vas où, en classe ?

Elle gonfla les joues :

– Dans une école privée, à Salon. Je la déteste !

– Dommage que tu ne sois pas à Mistral : on pourrait se voir tous les jours !

Elle le dévisagea avec une surprise joyeuse :

– C'est vrai ? Tu voudrais me revoir ?

Cette fois, elle se moquait de lui, et il ne fut pas dupe de sa comédie :

– Tu le sais bien.

– Comment je le saurais ? Dimanche dernier, tu m'as à peine regardée. C'est tout juste si j'ai pu te soutirer deux mots !

– À la fin du match, bien sûr…

Comme si elle n'avait pas compris qu'il était paralysé de timidité ! Un vrai nul !

– Il y avait la photo des champions, les autographes, le troupeau des admirateurs…, poursuivit-elle avec un rire retenu.

Il eut envie de lui avouer : « Tu étais craquante », et puis : « J'avais une envie folle de sortir avec toi ! »

Manquant de courage, il se contenta de suggérer :

– Si on allait au ciné ?

Elle fit la moue et rejeta ses cheveux en arrière d'un geste gracieux :

– Pas maintenant, je dois rentrer chez moi. Demain, si tu veux.

– Le dimanche, je joue au foot.

– Tu ne peux pas te faire remplacer, pour une fois ?

Son air suppliant le troubla. Il dit avec regret :

– Impossible : demain, on rencontre le leader, Mornay.

– Au Royal, on joue *Seven Swords*. Ma sœur l'a vu, il paraît que c'est génial, dit-elle d'une voix excitée, comme si elle n'avait pas entendu ce qu'il venait de dire.

Il soupira :

– Je ne peux pas, Angéla.

– Et dans la soirée ?

– On rentrera vers huit heures, et après un match je suis flingué. C'est à Mornay, à vingt bornes…

Elle ne put retenir plus longtemps son rire :

– Je sais où c'est. Je serai là !

– Au stade ? C'est vrai ?

Elle acquiesça d'un hochement de tête joyeux :

– Nelly m'emmène. J'espère que tu vas le gagner, ce match, champion, sinon c'est fini entre nous !

– Qu'est-ce qui sera fini ?

– Ça, idiot, dit-elle en pressant ses lèvres sur les siennes.

Il allait jouer pour elle. Pour Angéla.

Dès son entrée sur le terrain, il l'aperçut dans la tribune et se précipita pour échanger quelques mots avec elle.

– Je comprends pourquoi tu tenais tant à voir ce match ! la taquina Nelly.

Alban et Angéla éclatèrent de rire. Vêtue d'un jean et d'un pull seyants, légèrement maquillée, ses longs cheveux détachés, Angéla, toujours aussi ravissante, semblait plus âgée, plus femme. Comme elle se penchait vers lui, Alban crut qu'elle allait l'embrasser devant tout le monde. Elle se contenta d'appuyer son front contre le sien, manière tendre de lui souhaiter bonne chance.

Quand il rejoignit ses coéquipiers, Osman ironisa :

– Tu ne la connais pas, hein ?

– Elle aime le foot.

– C'est ce qu'on a vu !

Les autres se marrèrent. Alban fut flatté : Angéla était belle, et ils étaient jaloux.

Puis Delpech survint, accompagné de Patrick Lemoine, journaliste sportif à *La Provence* :

– Voici le joueur dont je vous ai parlé : Alban Wastyn.

– Alors, c'est toi, le petit prodige ? dit Lemoine.

Alban secoua la tête :

– Pas plus que les autres.

– Tu es premier buteur du championnat, alors que tu as disputé huit matchs de moins que tes rivaux, insista le journaliste.

– Si je marque, c'est grâce à mes coéquipiers.

À cet instant, Gio intervint, mécontent :

– J'avais dit : pas d'interview avant le match !

– Ce n'est pas une interview, le rassura Patrick Lemoine. Je venais faire la connaissance de votre poulain et bavarder avec vous. Miraval-Mornay, un match explosif, fidèle à la tradition ?

– Tout dépend de ce que vous entendez par « explosif », répondit Gio avec mauvaise humeur.

Les deux équipes sont correctes. C'est une rencontre, pas un duel.

– Le choc de jeunes espoirs : d'un côté, Rickers, Aubanel et Clément ; de l'autre, Wastyn, Carantec et Bourgarel. Ça sent la poudre ! Et puis, il y a de la revanche dans l'air. Au match aller, Mornay vous a balayés. Sans vous, Miraval n'était plus que l'ombre d'elle-même. Depuis votre retour, l'équipe est dans une forme étonnante. Mornay, elle, domine le championnat. Il est curieux de constater que les deux formations adoptent la même tactique, avec deux avant-centre et cinq défenseurs. Elles s'inspirent l'une de l'autre ?

Gio sourit. Il connaissait le journaliste depuis longtemps et l'appréciait. Patrick Lemoine avait suivi fidèlement sa carrière.

– Vous me connaissez : je n'aime pas les systèmes figés. Une équipe doit savoir adapter son jeu à celui de son adversaire. Il se trouve que nous avons l'un et l'autre deux buteurs d'exception. La façon de les utiliser fera la différence.

L'arbitre appelait les deux équipes au centre du terrain. Gio rejoignit son banc, et Patrick Lemoine, sa place réservée à côté du maire de Mornay.

« Marquer, marquer à tout prix ! » se répétait Alban. Il était tendu, ce qui n'était pas son habitude. Angéla l'observait, et le public était venu assister à ses exploits. C'était flippant.

Ses coéquipiers songeaient surtout à l'humiliation du match aller. Ils rêvaient de se venger et, en même temps, ils redoutaient leur adversaire, qui n'avait connu qu'une seule défaite depuis le début de la saison, en l'absence de ses deux buteurs.

« Je ne vous demande pas de gagner, mais de faire un grand match, avait dit Gio. Un nul sur le terrain de Mornay serait déjà un exploit. Mais vous valez mieux que ça. Aujourd'hui, vous êtes les meilleurs. Surtout, ne le répétez pas : il y a des oreilles qui traînent ! »

Il n'avait pas récolté un sourire. Ils étaient graves, concentrés, combatifs. « Des guerriers ! » constata Gio avec satisfaction.

– C'est parti ! s'écria Olivier au coup de sifflet de l'arbitre.

Mornay engagea. Clément, le stratège, passa immédiatement à Rick, qui alerta Aubanel. Yves tacla l'attaquant. Le ballon sortit en touche. « Bien, petit ! » apprécia Renaud sur le banc des remplaçants. Le match était lancé.

La remise en jeu fut effectuée par Louvier, le milieu défensif de Mornay. Osman, sautant plus haut qu'Aubanel, dévia sur Rémy. Sans perdre une seconde, le milieu offensif passa à Alban, qui fonça vers les buts. D'un dribble irrésistible, il effaça Croizy, le libero, et tira. Le ballon, trop enlevé, passa largement au-dessus du cadre. Les supporters de Miraval, qui s'étaient déplacés en nombre, applaudirent le jeune champion.

« Bon rythme ! » apprécia Gio.

« Précipité, maladroit, trop nul ! » enrageait Alban.

Le dégagement de Sénégas, le gardien de Mornay, dépassa la ligne médiane. Clément effectua un amorti et crocheta deux adversaires.

Gio serra les dents : « Attention au centre ! »

Rick et Aubanel appelaient la balle. Clément ouvrit sur eux, à ras de terre. Les deux buteurs s'élancèrent en même temps. Ramon sortit et dégagea de toutes ses forces. Le ballon percuta l'estomac de Jary, l'ailier gauche, qui se plia en deux. Frank récupéra, passa aussitôt à Mike, qui servit Spi. L'ailier s'élança, dribbla un premier défenseur, et se trouva face au grand Croizy. Il feinta, réussit un petit pont. Le libero, vexé, le retint par le maillot.

– Coup franc ! décréta l'arbitre.

Huit joueurs de Mornay formèrent le mur. Spi prit de l'élan. Au lieu de tirer au but, il alerta Alban, qui manqua sa reprise. Le mur renvoya directement dans les pieds d'Olivier. L'avant-centre shoota puissamment. La balle, déviée par un défenseur, surprit le gardien et termina dans les filets. 1 à 0.

Fou de joie, Alban étreignit le buteur :

– Champion, mec !

L'équipe entière entoura les deux buteurs. Au centre du terrain, les Mornésiens s'impatientaient. C'était la première fois qu'ils étaient menés chez eux. La réaction ne se fit pas attendre. Une combinaison à trois virtuoses, Rick, Aubanel et Jary, donna des frissons aux supporters de Miraval. Puis Osman contra Rick et dégagea son équipe. Mario Serra contrôla. Il glissa à Willy, qui remonta le terrain à toute vitesse. Son centre, trop tendu, surprit défenseurs et attaquants.

Spi récupéra à droite et passa à Olivier. L'avant-centre se défit d'un adversaire grâce à un joli passement de jambe.

– À toi !

La passe, brossée, arriva sur le pied droit d'Alban, qui dribbla Croizy, trompa un dernier défenseur. Face au gardien, il poussa la balle vers la gauche, embarquant son adversaire, puis passa l'extérieur de son pied droit devant le ballon et l'enleva. Battu, Sénégas faucha le buteur.

Sans hésiter, l'arbitre indiqua le point de penalty et brandit un carton rouge, expulsant le gardien. Le public de Mornay, furieux, hua copieusement l'homme en noir.

Tandis qu'Alban se relevait et plaçait le ballon sur le point de réparation, Mornay fit entrer Sauveur Milési, son gardien remplaçant.

Alban attendit le signal de l'arbitre, conscient

d'avoir au bout du pied la balle de break. Au coup de sifflet, il partit au petit trot et prit Sauveur à contre-pied. Par malchance, la balle heurta le montant droit et finit en sortie de but. Alban se prit la tête entre les mains. « La honte ! »

– Ce n'est pas grave, dit Olivier.

Spi lui ébouriffa les cheveux :

– On s'en fout ! On va les avoir !

Ils essayaient tous de le consoler. Lui ne pensait qu'à Angéla et à son rire moqueur.

Six minutes plus tard, Olivier cloua le gardien d'une reprise de volée imparable. Puis Spi trompa à son tour Sauveur. La mi-temps intervint sur le score de 3 à 0.

– Vous avez joué comme des dieux ! dit Gio, rayonnant.

« Pas moi », pensa Alban, désappointé. Impatient de briller, il avait gaspillé trois occasions en or.

En deuxième période, Mornay accusa la fatigue, et Miraval se mit à jouer de plus en plus vite. Olivier inscrivit son troisième but, puis Willy marqua de la tête. Alban rata un but facile en étouffant son tir.

5 à 0 ! Même si la chance avait servi Miraval, le résultat obtenu sur terrain adverse était un exploit authentique. Dépassé par le rythme de son adversaire, Mornay n'avait pu développer qu'en

de rares occasions le jeu qui avait eu raison des meilleures équipes.

– Victoire écrasante ! Vous devez être comblés, dit Patrick Lemoine en rejoignant les cadets en fin de match.

Alban fit la moue :

– Ce n'était pas mon jour !

Seul des attaquants, il n'avait pas marqué, lui, le premier buteur du championnat.

– C'est grâce à vous que le match a basculé, après l'expulsion méritée de Sénégas, dit le journaliste. Et puis, rater un match, ce n'est rien, ça arrive aux meilleurs, Zidane, Ronaldinho... Je reviendrai vous voir, votre style m'intéresse.

Il abandonna le buteur malheureux pour bavarder avec Pierre Delpech. Au même instant, une voix moqueuse lança :

– Moi aussi, votre style m'intéresse, monsieur Wastyn.

Alban regarda Angéla et fit la grimace :

– S'il te plaît, ne te moque pas de moi !

– Moi ? dit-elle avec innocence.

– J'ai été minable !

Elle acquiesça, lèvres pincées :

– Minable.

– J'ai tout raté, même un penalty.

– Tout !

– Olivier, lui, a marqué trois buts.

– Un vrai champion.

– Je me demande ce que tu fais avec un *loser* dans mon genre.

Comme les supporters enthousiastes les bousculaient, elle lui prit la main et l'attira à l'écart :

– Tu as fini de dire des bêtises ? Pour ta punition, tu vas m'accompagner au cinéma, samedi prochain. À quatorze heures, au Royal, tu n'oublieras pas ?

Elle se pencha à son oreille et murmura :

– Je me fiche du football, idiot. Je t'attends, bouge-toi ! Ma sœur va nous ramener. Tant pis pour tes copains : je t'enlève.

En voyant son beau visage empreint d'une détermination farouche, il réussit à sourire :

– Je suppose que je n'ai pas mon mot à dire ?

Elle fit la moue :

– Un « je t'aime » ne serait pas de trop. Mais les durs du foot ne disent pas ces choses-là, pas vrai ?

Elle prit une grosse voix :

– Casse-toi, mec ! Dégage ! Enflure, tu le passes, ton ballon ? C'est comme ça que tu parles, non ?

Maintenant, Alban riait franchement.

Il allait lui avouer qu'il la trouvait marrante et craquante quand il entendit Gio l'appeler. L'entraîneur était en compagnie de Lemoine et de Delpech.

– OK pour samedi ! murmura Alban.

Il courut vers le terrain. Au bout de quelques pas, il revint en arrière. Angéla s'était assise sagement sur l'escalier de la tribune. Il se pencha sur elle et chuchota à son oreille.

– Répète ! cria-t-elle.

Il était déjà loin, mais, à sa façon de zigzaguer et d'agiter les bras comme un danseur fou, elle comprit qu'elle avait obtenu les trois mots qu'elle espérait.

Écris-nous !

Si tu as envie
de nous parler de ta passion
pour le foot,
si tu veux
nous poser des questions,
n'hésite pas à nous écrire !

Bayard Éditions Jeunesse
Série "Fooot !"
3, rue Bayard
75008 Paris

Attention !

N'oublie pas d'écrire ton nom et
ton adresse si tu veux qu'on te réponde !

FOOOT!

1301. CHAMPIONS !
1302. CARTON ROUGE !
1303. HORS JEU
1304. FOOT SAMBA !
1305. CONTRE-ATTAQUE
1306. LES INDOMPTABLES
1307. REVANCHE
1308. FINALE D'ENFER !
1309. SOIF DE VICTOIRE
1310. DÉMON DU FOOT
1311. EN TÊTE !
1312. DÉFENSE REBELLE
1313. DOUBLE JEU
1314. LES BUTEURS

Impression réalisée sur CAMERON par

BRODARD & TAUPIN

GROUPE CPI

La Flèche
en mai 2006

Imprimé en France
N° d'impression : 35181